知識文化論 II

原田保
Harada Tamotsu

中西晶
Nakanishi Aki

寺本卓史
Teramoto Takuji

小松陽一
Komatsu Yoichi

原田保——編

知の異端と正統

新評論

はしがき

さて、いよいよ新世紀の二一世紀を迎えることとなり、企業経営においては新たな時代に相応しい価値観の確立と、これを踏まえた新たなビジョン形成が急務となっている。そこで、我が知識文化論研究会（主査－寺本義也、幹事－原田保）においては、二一世紀は知識社会が本格的に確立する時代であると確信し、その上で知識社会を単なる経営論からのアプローチではなく、もっと広範な文化論からのアプローチにより考察を深め、次世代型の新たな知の枠組みの構築を模索してきた。

そして、いよいよその一つの成果としてここに提示されたものが、この度新評論から上梓されることとなった「知識文化論」の全二巻である。この「知識文化論」では、具体的には［Ⅰ］が『知の神秘と科学』、［Ⅱ］が『知の異端と正統』という二つのテーマで、我々の主張が展開されている。なお、前者においては寺本が、また後者においては、原田がそれぞれ編者の役割を担っているが、その内容については執筆者全員による熱心なインタラクションから誕生したものである。

したがって、この［Ⅱ］の『知の異端と正統』においても、二一世紀を知識社会と捉えながらも従来のナレッジマネジメント論の枠を越えた知識論が展開されている。すなわち、ここではグローバルなマクロコスモスとしての知のネットワークからパーソナルなミクロコスモスとしての知のネットワークまで、まさに社会の全営みに関わる新たな知のパラダイムについて言及が行われる。

なお、本著では知を観念的なものとしてだけでなく、同時に実践的なものとして捉える観点、すなわち知をいわばエクスパティーズの組織化のためのコードとして捉える観点が重視されている。また、特に文理融合的なアプローチを試みるべく、一方で芸術としての知、そして他方では技術としての知という両極から、まさにアグレッシブに知識文化についての言及が行われる。

さらに、ここでは知を考察にあたり、多様な局面における境界融合概念をポジティブに捉えながら、これを踏まえた知のネットワーキングの広がりを相互浸透的な知として提示している。具体的には、知を異端と正統の二項から捉えた上で、これらの相互浸透と両極性の高伸を志向することで新たな第三項を模索する試みが行われている。そして、こうした努力の中から知識社会における新たなパラダイムの提示が多面的に挑戦される。

このような考え方を前提にして、本著においては特に選りすぐった四篇の知識文化論の論説が紹介される。これらの論説は、もちろんそれぞれ独立したものではあるが、同時に『知の異端と正統』というコンテキストに収斂された知識文化論として統一された提言が試みられる。

なお、この知識文化論Ⅱとして上梓される本著『知の異端と正統』の構成については、序「知の異端と正統序論（原田保―香川大学）」と、これに続く、第一章「知のコミューン」（原田保）、第二章「知のトリックスター」（中西晶―産能大学）、第三章「知のアントレプレナー」（寺本卓史―東京大学）、第四章「知のコンテクスト」（小松陽一―関西大学）の4編である。

なお、この『知の異端と正統』が無事出版できたのは、ひとえに新評論の二瓶一郎会長のご指導、ご支援のたまものである。これに対して、著者の全員からおおいなる感謝の意を表したい。

二〇〇〇年一一月一五日

原田　保

目次

序　知の異端と正統序論

一　歴史に見る異端と正統

さて、歴史はいつも正統を軸にして語られてきたものだが、実は今正統が生命を持っているのは過去に異端が存在していたからである。また、正統と異端は多くの場合に同根のものであったことは既に周知のとおりである。このことは、正統とは異端があって初めて意味を持つことができ、そして異端のパワーが多大であればあるほど、むしろ正統もまたより多大なパワーを持ちえることを意味する。このように、実は異端と正統はいわば合わせ鏡のような関係にあり、あるいは表裏一体の関係にあると見なすことができる。

そして、この異端と正統の相互の緊張関係こそが、まさに多様な領域における真実の探求を高伸させ、そして、その結果として人類の多大な進歩が実現したと考えられる。その意味において、異端のパワーが多大であればあるほど、または異端の度合いが多大であればあるほど、むしろ正統の価値が鮮明に表出され、そして両者の緊張感から望ましい新たな第三項が登場してくる。だからこそ、もしも今まで異端がまったく存在しなかったならば、正統の進化や発展もなかったと考えることも決して間違いではない。このことは知識の領域においてもまったく同様であり、そのため本著のテーマである知識文化は異端の存在によって進化がもたらされるといえる（図序―

[1]。

1　異端による正統の進化

我々が知識文化を語る際に、人類の歴史において最も長く太い歴史を持っているものとして、何よりも宗教に見出される知識文化が想起できる。例えば、現在のキリスト教の世界的な隆盛は、多様な異端との闘争と融和が織り成す歴史の中から現出されてきた。

そこで、このような観点から以下において、キリスト教会によって異端と考えられやすいグノーシスを言及することで知識文化について考えてみる[1]。

元来、グノーシスとはギリシア語の「知識」のことである。これは究極の知識として人間の魂を根本から変えてしまい、したがって我々はこれによってこの世から永遠の光に近づけられている。また、グノーシスの教義は、キリスト教、ユダヤ教、イスラム教に対しても、それぞれ深い神秘主義を生み出させたことでも著名である。さて、このグノーシスとは、元来普遍的な現象を意味していたが、しかしながら、グノーシス派という一つの教派の誕生によって、残念ながらグノーシス自体は教会から完全に異端視されてしまった[2]。

図序—1　異端と正統の進化スパイラル

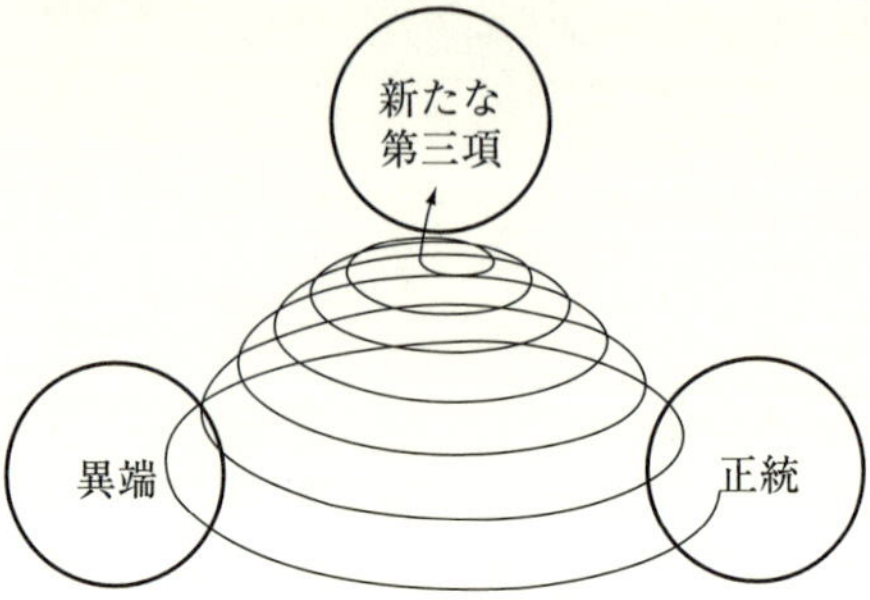

なお、このグノーシス主義が教会や哲学者からの支持を獲得できなかったのは、時として引き起こされた不道徳的な過激行為や、デミウルゴスだけを悪者に仕立てあげた無責任さに原因があったと考えられている。しかしながら一方では、教父たちのこのようなことを決して許すまいとするグノーシスに対する闘いが、実は現在のキ

リスト教に多彩な進化をもたらしたのである。

このことからも理解できるように、正統の進化とはまさに異端との闘いにおいてこそ実現したと考えられる。すなわち、今日のキリスト教はカトリックにせよプロテスタントにせよ、まさにそれぞれ多様な異端との関係から正統の意義を確認し、そして修正させることで、それぞれ正統の教義を発展させてきた(3)。

2 白い異端による黒い異端の排除

さて、人類が誕生してから今に至るまで、実に多くの領域において異端の登場がそれぞれの正統の意義を確認させ、結果として進化への貢献を果していることが読み取れる。また、長い歴史の中で、異端の登場は他の異端の登場を生み、そして時の流れとともに人類に決定的な悪影響を及ぼす異端は異端同士の闘いの中で滅び去る自浄作用が働いていた。このようなことを理解するための代表的な事例として、ここではルドルフ・シュタイナーの神秘学を取り上げてみる。

このシュタイナーの神秘学は、わが国においても今では日常的に受容されているが、初期の頃にはドイツにおいても既存の保守的な層や新たに台頭してきたナチスの双方から迫害され、このような苦境の中からやっと今では世界的な影響力を持つまでに至っている。このシュタイナーの神秘学は、ナチスが徹底的に迫害したことから理解できるように、いわゆる白い神秘学の一つであると考えられる。特に、ドイツにおいてナチスが永続的に決定的なパワーを持ちえなかった背景には、このシュタイナーの神秘学の影響があったと考えることができる。

シュタイナーの神秘学のようなアプローチは、当然ながら権力によって世界中を暴力的に支配しようとするナチズムにとって全く認められないものであった。そしてまた、このようなナチスとの闘いを経て、シュタイナーの人智学は現在では世界で有数の大きな精神運動として発展している。

さて、この異端として誕生した独創性のあるシュタイナーの神秘学は、あの黒魔術的といわれるナチズムとは異なり現在では社会に広く浸透しており、多様な領域で個人と社会の開花を目指すべく実践的応用においてその個性をおおいに発揮している。それらは、例えば教育、精神療法、有機農法、医学の研究に始まり、芸術、演劇、ダンス（オイリュトミー）などきわめて広範な領域にまで及んでいる。なお、これらの活動に共通している哲学的背景としては、精神的なものを人間関係の中に生かそうとする姿勢が読み取れる。(4)

二　知識文化の次元超克

ここにおいては、第一にかつてのグノーシスであり白い神秘学である知識と、第二にこれらの知識を基軸とした知識文化の進化手法について、神秘的かつ革命的な観点から考察を加えてみる。なお、これらから理解できることは、たとえどんな時代においても知識文化を考えるにあたっては、人間を物質的な存在であると同時に精神的な存在であると捉える観点が大切ということである。

なお、このような観点に依拠すれば、シュタイナーのいう例えば受身の意識習慣からの脱却と能動的イメージの構築の果てに共感覚を確立させる手法が、知識文化を進展させるためにいかに大事であるかがよく理解できる。しかしながら、これらの手法を会得するためには一定のルールに基づくそれなりの修行が課せられることが条件となる。このことは、また知識文化の進化がある種の修行を通じて初めて可能になるという、すなわちいささか苦しみを伴うことを意味する。

そこで、ここでは特に秘儀による超知識の獲得と叛乱におけるアジテーターの意義について述べることにより、知識文化の進化手法についての考察を試みる。このことは、言い換えれば大衆を揺り動かすための方法論の模索であり、いわば知を大衆に根差したものに定着させるための方法論でもある。

1　秘儀による超知識の獲得

さて、現在までの組織化の方法論としては、組織に入れるための入口を易しく組織から出るための出口を厳しくして、構成員の囲い込みを志向する方法が主流となっている。また、この方法は、組織が利益の追求を行ったり、構成員のパワーを吸収するにはきわめて適合的な方法、すなわち経済合理性を追求するには有効な方法なのである。しかしながら、例えば組織におけるメンバーシップが共感覚をベースにしたコミュニティ形成であるような場合にはいささか不適合であると思われる。すなわち、このことは知識文化の進化を実現するにはそれなりの努力と忍耐が不可欠であることを意味している。

そこで、ここでは以上の問題意識から、共感覚を確立するための方法論である秘儀参入に不可欠な厳しい修行について述べてみる。なお、これについてはシュタイナーによれば秘儀参入には段階を踏んだ秘儀体験の修行が不可欠となる。また、現代においてはどんな人でも超感覚的な体験による高次の秘儀参入が可能な状況にある。しかしながら、そのためには苦しみを伴う多様な業を確実に時間をかけて実践することが不可欠である。したがって、修行者はこれらの苦しみを通じて成長し、そして次第に霊的な体験が行えるようになる(5)。

こうして、我々人類は日常的な生活とともに次第に霊的な生活が営まれることとなり、終には秘儀参入が可能な段階に成長することができる。そうなると、我々はまさに日常的な生活と霊的な生活の二つの生活を現実に営

む こととなる。そこで、従来の物質界に必要であった知識に関わる特性、すなわち知的特性のみならず、一方では霊界に深く関わる勇気とか大胆さで表される道徳的特性の二つの特性の獲得が不可欠となる。

2 叛乱の知としてのアジテーター

もう一つの異次元知識の獲得方法としては、革命などによる既存の客観性からの解放が考えられる。また、これを最も鮮明に現出させるものとしては「叛乱」が上げられる。この叛乱は小阪修平によれば、それ自身のうちで自己を実現するものであると規定できる。したがって、叛乱は普遍化されて行けば行くほど、その本来のラジカリズムが喪失してしまう。そのため、普遍化といういわば水増し路線を選択するよりは、より多大なインパクトを与えるべくトリガーとして捉えることが有効であることはほぼ間違いない。(6)

また、叛乱をまさにそのようなものとするには、叛乱において中心的な役割を期待されるアジテーターの役割が多大な意味を持ってくる。それは、アジテーターが叛乱を導くにあたり、大衆との間で良好な関係が構築できれば大衆が運動にコミットできるからである。このような、アジテーターと大衆との関係は実は長崎浩によればきわめて媒介的なものとして捉えられる。なお、このアジテーターの行為はまさに一回きりの行為であり、決して複製できないことに最大の特徴が見出せる。このことは、アジテーターの見せる表情が彼ら一人ひとりに個性を持った言葉の選び方や行間に透けて見えることから十分に理解することができる。(7)

さて、このアジテーターは大衆のためのアジテーターであり、大衆の気分を共有し大衆の言葉を発している。しかしながら、このアジテーターは必ずしも大衆の一員ではなく大衆の気分のバロメーターでもなく、また大衆の代弁者に尽きるものではない。アジテーターは大衆の中にあって、そして大衆に直面している。だから、彼ら

は大衆と一致化するためにも大衆とは離れて立っているのである。(8)

すなわち、アジテーターはその都度その都度大衆の先に立ち、これによって大衆が高まりを見せることが、まさにアジテーターと大衆の望ましい関係なのである。したがって、アジテーターの目論見が成功すればアジテーターと大衆は必ずや一体化し、これが結果として行動になって実現されることとなる。こうして、叛乱のメカニズムが既存のパワーに対してポジティブに機能しているのである。(9)

三　異端と正統のスパイラル高伸

本著では、知識文化論についてその進化を異端と正統の相互連関から捉えるべく多面的な考察を行っている。このような観点から、ここでは知の異端と正統についての糸口を与えるべく以下の二つの考え方を紹介した。第一には、グノーシスとシュタイナー神秘学を事例にしながら、歴史に見る異端の歴史的意義について考察を行った。第二には、シュタイナーの神秘学と長崎の叛乱論を事例にしながら、異次元レベルにおいて知の地平を開拓するための方法論について考察を行った。

しかしながら、我々がこの二つのことから学べるものは、実は知識文化の形成の道筋が決してそんなに平坦ではないことである。すなわち、いつの時代においても知識文化の形成は多様な努力により初めて可能になり、多くの軋轢と抗争による大きな犠牲の上に成り立っている。このように、知はまさに正統と異端という二項対立を超えたところに新たな地平を築くことができること、これこそが我が人類の知識文化の軌跡であると考えられる。すなわち、知識文化の形成はそのスパイラル循環による異端と正統のポジティブな相互影響力の行使を与えることから実現することとなる。

1　両極性による高伸

そこで、ここにおいて異端と正統をスパイラルに循環させることで高伸させる方法論について考えてみる。そのためには、ゲーテの世界観がおおいに参考になると思われるので、以下においてその要約を行っておく。なお、この世界観については実はゲーテの色彩に対する考え方に端的に表されている。

　さて、ゲーテの色彩感はまず自然の色である緑からスタートしている。そして、続いて青と黄色の二つの色が緑の世界から分かれて出てくる。そう考えると、この緑と青と黄色には相互に関連があることが理解できる。そして、またゲーテにおいては黄色が次第に赤に変わっていくことを偶然知ることとなった。そこで、ゲーテは緑や青が赤と関係があることが理解できたのである。そして、ゲーテは最終的には緑、青、黄、赤の四色を関連付けることに成功したのである。[10]

図序—2　色彩観の比較

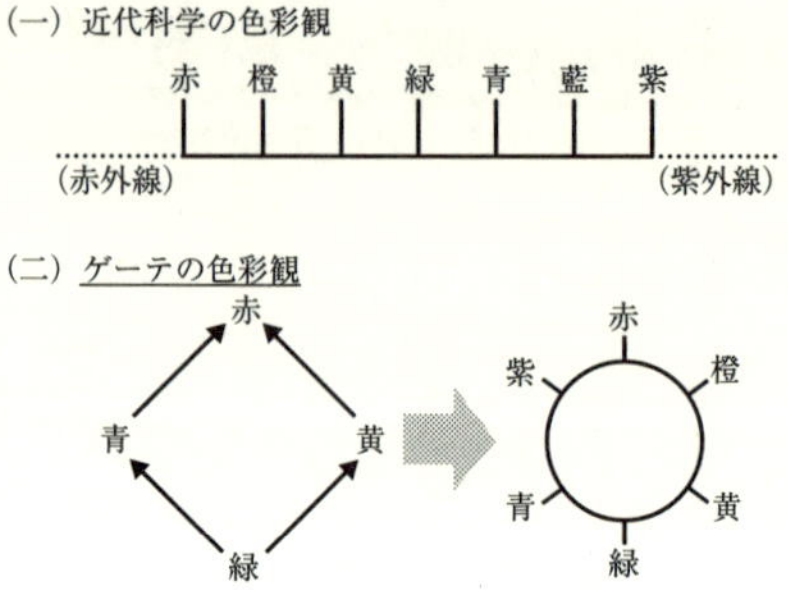

　このゲーテの色彩論には、緑が基本になる色で、それが発展すると青と黄という両極生に分かれ、その両極性がさらに高まっていくと赤となって統一されるという円環的な関連が見出せる。すなわちゲーテにおいては、このような関係性のダイナミックなあり方の中で色彩を考えていたこととなる。これは、すなわち近代科学が生んだ色の波長により色彩を直線的に位置付ける色彩感とは根本的に異なっている[11]（図序—2）。

　このように、スパイラル高伸とは円環的思想に立脚したものであり、これによってすべてものを漏らさず対象にした思考方法を獲得することができる。これは、すなわち量的な見方からの脱却を意味しており、そのため無限を対象にした思考を可能とする創造的な方法なのである。したがって、ゲーテの思想は両極性による高伸を実現する有機的世界観の代表的なものとしておおいに評価できる。

2　共進化による第三項の獲得

こうして、我々は両極性によるスパイラル高伸によって有機的世界観が確立していることを理解できる。そうであれば、正統をきわめるためには異端の存在が不可欠となるし、また時と場合によっては正統と異端はいつでも逆転する可能性があることも理解できる。そうであれば、正統も異端も共にポジティブな影響を与える関係を維持することが大切となる。その意味においては、知識文化の進化にとって異端と正統の共進化は不可欠なのである。

そこで以下の各章において、このような対立する二項の共進化を志向した知識文化論がダイナミックに展開されることとなる。なお、これらの四編の論説に共通して流れる基本思想については以下のような四点の提言に集約することができる。

第一は、二一世紀の社会を知識社会と捉えることで従来の経営学の視点に基づくナレッジマネジメント論の枠を超えた、すなわちグローバルなマクロコスモスである知のネットワークからパーソナルなミクロコスモスである知のネットワークに至るまでの、すなわち社会の全営みに関わる新たな地平についてのダイナミックな提言である。

第二は、知の考察を多様に展開するため、一方では知の歴史的分析から他方では知の未来論に至るまでの時間的な観点からの総合的なアプローチを行うことによる、まさに知の実証的な評価に基づいた哲学的かつ理念的な枠組みと、これらを積極的に活用した社会変革の透視図についてのアグレッシブな提言である。

第三は、知を観念的なものとして捉える観点のみならず、実践的なものとして捉える、すなわち知をエクスパティーズの組織化のコードとして考える文理融合的な観点に立脚した総合的観点からアプローチすべく、一方では芸術としての知そして他方では技術としての知という両極からの提言である。

第四は、産出する境界融合と新たなネットワーキングの広がりポジティブに捉えることで、従来の知に対する二項対立的なフレームからではなく、むしろ相互浸透的な、かつ境界融合的なパラダイムスイッチャーとして知を捉える提言である。

（原田　保）

＊　この序は、著者の原田が人智学を勉強している金岡京子との対話から触発され執筆に至ったものである。

参考文献

（1）　ジャック・ブロス（小潟昭夫訳）、『世界宗教・神秘思想』ＪＩＣＣ、一九九三。
（2）　ブロス（小潟訳）（一九九三）、同上書。
（3）　ブロス（小潟訳）（一九九三）、同上書。
（4）　高橋巖『シュタイナー哲学入門』（一九九一）角川選書。
（5）　高橋（一九九一）、同上書。
（6）　小阪修平「『叛乱論』とその時代」（一九九一）長崎浩『叛乱論《新版》』彩流社。
（7）　長崎浩『叛乱論《新版》』（一九九一）、彩流社。

(8) 長崎(一九九一)、同上書。
(9) 長崎(一九九一)、同上書。
(10) 高橋(一九九一)、前掲書。
(11) 高橋(一九九一)、前掲書。

第一章　知のコミューン

一　コミューンの史的展開と意義

ここで取り上げたコミューン（commune）とは、実は以前はコンミューンと表記されることもあった。しかしながら、どちらかというと我々団塊の世代にとっては前者の表記の方が政治的な匂いがより希薄で、結果としてニュートラルなイメージが感じとれる。そこで、本章においては多くの人間の自由な参画によって高度な知識文化が創造される時空間を意味するものとしてcommuneを取り上げるべく、日本語表記についてはコミューンに統一を行った。

さて、このコミューンとは、直接的には古くは中世ヨーロッパの自由都市を意味しており、また一八七一年におけるパリコミューンに至っては労働者や市民の自己権力という意味を獲得した概念でもある。このコミューンは、その後戦後の学生運動や環境運動を初め多様な発展を見せることとなり、昨今ではＩＴの発展によるネット上でのデジタル空間におけるコミューンさえもが誕生している。

このコミューンとは、元来既存の権力に対するカウンターパワーとして誕生した、いわば新興で異端の勢力であると考えられてきた。そして、これが既存の権力との共生や、場合によっては果敢な権力奪取の試みもしばし

図1—1　知のコミューンの展開構図

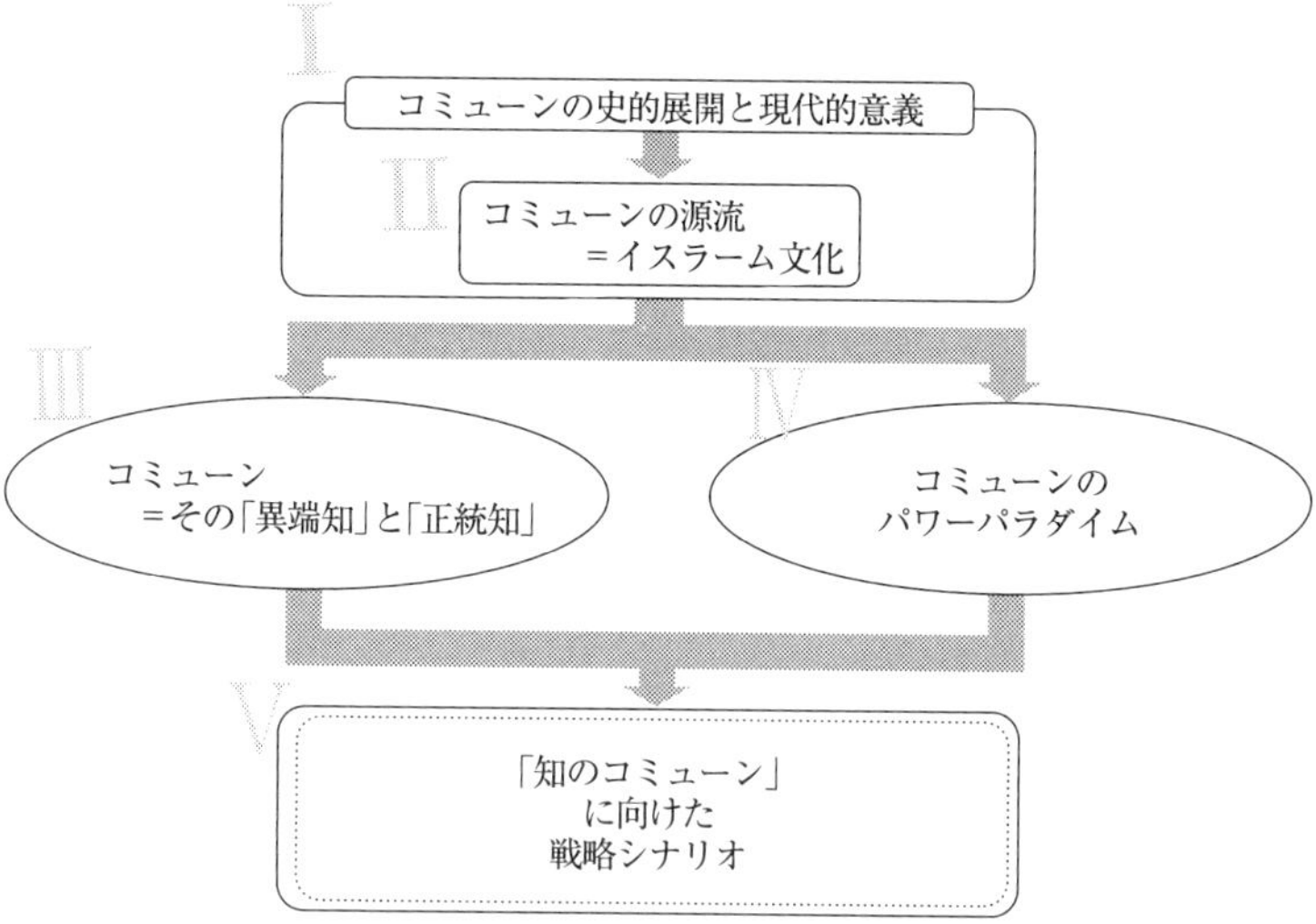

ば行われた。しかしながら、時に権力を奪取したとしても、それがフォーマルな政治システムとして長い間継続的に存在することは稀であった。すなわち、このコミューンとは一部の例外を除き、既存の権力構造とは異なる枠組みの中で多様に並行的に存在できるアナザーワールドなのである。

だからこそ、このような特徴を持ったコミューンには、実は異次元へ向けたブレークスルーを可能とする知のビックバンが期待できる。言い換えれば、このコミューンとは知のビックバンのトリガーなのである。そこで、来るべく知識時代を迎えるにあたり、我々人類に望ましい知識文化の創造に向けたコミューンの史的展開と現代的意義について考えることはおおいに意義深い。

そこで、本章においてはこのような問題意識に立脚し、以下の六点に言及することで知のコミューンのコンテキスについて考えてみる。それらは具体的には、第一がコミューンの史的展開と現代的意義、第二がコミューンの源流＝イスラーム文化、第三がコミューン＝その「異端知」と「正統知」、第四がコミューンのパワーパラダイム、第五が「知のコミューン」に向けた戦略シナリオという五点の論述である（図1―1）。

1　中世都市の自治権獲得

さて、中世都市の誕生は定住地形成の契機となったが、併せて商業の発展を背景とした貨幣流通の進展をもたらした。そして、それは一一世紀以降の相対的な平和を獲得したヨーロッパにおいて多大な変動を現出させた。すなわち、ヨーロッパでは市場経済の進展に合せて平和と自由を勝ち取ろうという住民の運動が生じたのである。(1)

また、これは、十字軍運動や東方植民運動に伴って生まれた商業ルネッサンスと呼ばれる遠隔地商業を発展させ、各地の市場集落は周辺農村との取引の場として繁栄していった。そして、これが都市へと発展していき次第に都市網を形成するに至った。しかしながら、当時これらの都市は聖俗の領主により司教都市、修道院都市、国王都市、諸侯都市として、それぞれ支配の対象としての地位に甘んじていた。なお、この時代におけるこれらの都市住民の呼称であるブルゲンシス（burgensis）という言葉が、今日の都市市民を示すブルジョアへと発展していった。(2)

樺山紘一によれば、このような初期の都市の住民達は、身分的な多様な人々の集まりであって、例えば司教都市では身分上の自由な商人や手工業者だけでなく、不自由身分に属する家人（ミステリアーレス）や教会保護民（ケンスアーレス）、体僕民（マンキピア）などが居住しており、それらが領主の役人や使用人としても活動していた。しかしながら時代の流れと共に、これらの住民達は次第に都市領主から自立し、まさに領域的平和を希求することとなった。(3)

具体的には、住民達が相互に誓約を交わし、次第にこれに基づく共同体である宣誓共同体を形成することとなった。そして、この宣誓共同体が都市領主と交渉することで、領主から特許状を入手しながら統一的な自由身分を獲得していき、一定の自治を実現したのが都市コミューンとしての都市共同体であった。なお、こうした都市住民の自治と都市平和の実現に向けた運動が実はコミューン運動といわれるものである。この運動には、住民サイドの誓約による主体的運動におおいなる意義を見出せるが、今では都市領主サイドの動向を考慮に入れた領主と住民との合意形成のプロセスとしても多大な意義が見出せる。(4)

それでは、こうしたコミューン運動は一体どのような成果を都市住民に与えたのかについて、これもまた樺山に依拠して考察を加えてみる。例えば、この時期のフランドル、ドイツ、フランスにおける都市住民が王権等から獲得した特許状によれば、概ね都市住民の人格的自由、すなわち死亡税や結婚税などの領主的賦課祖からの解放、法廷決闘や神判の免除、都市裁判所による法的手続きの確立など、身分的、社会的自由に関わる種々の特権を含んでいた。(5)

また、都市の自由は、同時に都市の自治と不可分であり、これは市民から選出された特定の合議機関により維持されていた。例えば、当時ヨーロッパの都市において広く採用された市参事会では、市長を代表として都市の政治は、行政、財政、軍事等各部門を統括していた。また、司法については有力市民から選出された参審人の団体により裁かれる都市裁判所に委ねられていた。(6)

こうした状況下で、ヨーロッパにおける一部の都市同盟が一二、一三世紀になり法的に整備されることで、例えばライン都市同盟やロンバルディア都市同盟のような軍事的、政治的自由を獲得した自由都市や、ハンザ都市同盟のような経済的自由を獲得した自由都市へと次第に発展していった。(7)

そこで、以下においてこれらの自由都市を誕生させた当時の王権などの支配サイドと都市同盟サイドとの間の約束事に基づいて確立された現実的対応策を現出させた知の枠組みについて若干の考察を加えておく。

それはまず、第一は、中世の都市の誕生により、まさに空間として都市を捉える視点が確立したことである。すなわち、境界がある一種の濃密な空間として都市を存在させ、またこの空間を管理することが都市行政の目的となった。

すなわち、中世の都市は数千から数万の人口を擁した空間であったが、人口の増加に伴って多様な都市問題を処理することが都市行政の中心的な課題となった。こうして、次第に現在における都市行政のモデルができていった。特に、衛生、治安、風紀を取り締まるために条例が効果的に活用され、衛生条例、奢侈条例、貧民条例、建築条例という一連の条例による都市の社会問題への対応が行われた(8)。

第二の枠組みは、都市生活のスキルを住民がマスターし、また都市生活を充実させるための空間構成の技術が確立したことである。すなわち、現在の都市空間のモデルができあがり、都市のライフスタイルのモデルも確立された。都市は街路や広場、居酒屋といった空間的共有の場や、小教区、街区など地縁的な区分に基づいて営まれ、市民はギルドや兄弟団という宗教的団体への加入を通じ職業的関係を超えた広範な人間関係を形成していった(9)。

それでは、このような知を生んだヨーロッパのコミューンに見る都市解放、すなわち自治の獲得におけるコミューンの役割について、プティ゠デュタイイ（Ch. Petit-Dutaillis）に依拠すれば以下のようなことが理解できる。すなわち我々は、多くのコミューンの設立とそれに続くその世紀の間ずっと絶えずにその特権を獲得し拡大したことに、コミューンの多大な意義を見出せる。前述した宣誓共同体は、若く活力に満ちていた時期には多大なパワーを持っており、それがいわば都市が前進するための原動力となっていた[10]。

したがって、制度は王権などの領主の意思によってではなく市民の意思によって変化していったし、他方では彼らの領主との妥協や交渉の対象ともなった。これはすなわち、コミューンが都市解放の一般的運動において強い推進力であったことを意味する。そして、コミューンがまさに独自性を持ったのはこの点であり、都市解放のための運動が行政的、司法的諸制度より遥かに多大なパワーとなった[11]。

したがって、コミューンの識別標識は、相互援助の宣誓や抑圧に抵抗し必要な諸特権を獲得することについての厳粛な約束であるといえる。そして、このようなコミューンの先駆的な模範を参考にしながら、多くの都市が自由を獲得することでコミューンを実現し多くの保障を入手することができた。これこそが、コミューンの知識文化視点から捉えた最大の成果であった[12]。

2　パリコミューンの国家革命

さて、中世の自由都市により確立したコミューンであるが、我々の前に明確な形で登場したのは、その後のフランスにおけるパリコミューンにおいてであった。これによって、かの反権力がコミューンにいわゆる左翼の匂いを強く醸し出すようになったわけで、そのため、我々の世代においてはコミューンがどことなくコミュニズム（共産主義）と重なって見えてしまう。

マルクスは、『フランスの内乱』において、帝政の正反対物はコミューンであったと述べている。このことはまた、マルクスによる、コミューンが帝政と並ぶ国家権力形態の一変種ではなく、国家権力そのものに対するアンチテーゼであったとの主張でもある[13]。これは、例えば斉藤日出治においては社会の上部に超自然的な力として立ち現れた国家を社会の中に埋め戻そうとする試みであった。これはすなわちマルクスの言葉を借りるならば、コミューンとは国家権力のあれこれの形態、すなわち正統王朝的、立憲的、共和的、または帝政的形態に対する革命ではなく、国家そのものに対する、そして社会の超自然的奇形児に対する革命ということになる。(14)

さらにいうならば、コミューンとは国家権力が社会を支配するのではなく、また圧迫する力としてではなく、社会自身の生きた力として社会によってまた人民大衆によって再吸収されていった。そして、それは人民大衆が自分達を抑圧する組織化された強力に取って代わって彼等自身の強力を形成するものであった。(15)

また、斉藤に依拠すればコミューンのマルクス的な解釈は、階級的所有権の廃止及び個体的所有の真実化となる。すなわち、コミューンは国家に代わって市民社会の内に社会的にして個体的である所有を現実化させた。(16)

それでは以下において、このマルクスが語ったパリコミューンにより獲得された知識文化とは一体何であったのかについて考えてみる。

さて、このパリコミューンはフランス資本主義が独仏戦争により解体した結果として誕生した。したがって、これはフランス社会を再建することを、国家、すなわち第二帝政に期待することが困難であるという認識に基づいている。そこで第一に語るべきは、このような状況下にフランスを救うべく期待されながら登場したのが、いわゆる「武装したパリ」なのであった。なお、この構成メンバーは具体的には、かの全二〇区の共和主義中央委員会、婦人運動中央委員会、共和主義連合委員会、中央共和主義連盟、パリ権利同盟、県共和主義連盟などであった。(17)

そして、第二に語られるべきは、まさにフランス革命において常に重要な役割を担ってきた「クラブ」なのである。マルクスによれば、このクラブこそがプロレタリアートの中核的な結合組織である。マルクスは、このクラブはまさに革命的プロレタリアートの集合点であり彼らの共謀の本拠であったと述べている。そして、続けてマルクスは、このクラブはプロレタリアートの憲法制定会議であり戦闘準備を整えた反乱軍の舞台であったとも述べている。[18]

さらに、第三に語られるべきは、これは実はマルクス自身は否定しているが、前述の中世におけるコミューンの伝統を引き継いだ「地区や都市としてのパリ」という特性である。これは、かのルフェーブルによれば都市の持つ共同性を意味し、これはすなわち都市がギリシャ以来ヨーロッパに脈々と連なる西洋文明の一種の公準であったことを意味する。これについては、理性と法によって切り離すことのできない自由が都市において多大な意味を持つことを明示している。[19]

3　コミューンの宗教的行動

続いて、ここではコミューンがカリスマへの帰依によりパワーを発揮するという観点から、宗教とコミューンについて考えてみる。我が国においても、この類の組織には宗教団体ではないが、例えばヤマギシ会に代表される多くのユートピア的共同体が見受けられる。そこで便宜上、ここでは一応これらも含めて宗教的コミューンと呼ぶこととする。

そこで、このような観点に立脚しながら、ここではカンター（R. M. Kanter）の唱えるコミューンが保持する宗教的、道徳的理想について言及してみる。カンターによれば、コミューンの理想の一つがこの世の諸問題からの逃避である。[20]だからこそ、コミューンにおいては、よりよき社会への希望を持ってその集団内部に独自の新しい社会の建設を志向する。村田充八によれば、これこそがコミューンの成員が外の社会から抑圧されていると意識する契機である。そして、このことからも、コミューンが外の社会と対抗関係にあることが明白である[21]。この対抗という意味は、英語のカウンター（counter）であり、したがって、このコミューンとはまさにカウンターカルチャーを持つ存在となる。実際に、ほとんどのコミューンは多くの面において世俗社会からは距離をおいている。したがって、普通コミューンにおいては、この世の文化に対して閉鎖的かつ対抗的存在となっている。そして、このことこそがコミューンが宗教性と強く結びつく要因でもある[22]。

そこで、なぜコミューンが宗教的な行動をするのかについて村田に依拠しながら考察を加える。なお、このコミューンが宗教的であることを端的に示すものとしては以下の二点をあげられる。

すなわち、第一はコミューンの持つ共同生活性である。これは、いわばキリスト教共同体が持っているすべての物は共有であるという視点に立脚した生活である。このようなコミューンにおける共同行為の代表的な事例は、例えばプロテスタントの聖餐式と洗礼に見出せる。そして、これらを通じていわゆる「我等感情」を強化する結合の紐帯が宗教的な意義づけをされて、今までのそれを超越した強固な結合性が獲得される[23]。

そして、第二は集団の加入式に関連したものである。コミューンの加入式においては、実はどの集団をとってもかのデュルケムが主張する宗教的社会に容認されるに値するか否かを知らせるための神判の要素が付加される[24]。このことからも、コミューンは先験的に宗教性を帯びていると考えられる。したがって、加入儀礼は新しい成員が俗なる世界から聖なる世界に移行するにあたり避けて通れない登竜門である。そして、この宗教的なコミューンへの加入儀礼の過程は、その成員を徹底的に集団に結合させるという意味を持っている[25]。

続いて、以下において村田による宗教的コミューンの集団としての正統性について言及を行う。

第一は主にその集団の創始者の特別な資質や創始者のカリスマに発する場合が多いことである。教団の組織化にとって不可欠なことは、預言者をサポートするいわゆるカリスマとしての助力者の存在である。そして、この助力者の存在により預言者の教説が一つの恒常的な制度としての機能を持ち日常生活の中に入り込んでいく[26]。また、第二は宗教の持つ秩序づけの機能と関連したものである。これは、コミューンが集団としての機能を十分に発揮し結合を強めるには集団内の秩序づけが不可欠なことである。それは、カンターがいうようにコミューンが秩序、統制、意味、目標を重視するからである[27]。

いづれにしても、コミューンが宗教性を強く必要とする理由はコミューンが持つマイノリティ性に比例している。すなわち、多くのコミューンは普通成員数においても少数であり、そのためマジョリティ集団に属する支配者から被抑圧者として相対視される。そして、このマイノリティ集団については、支配者としてのマジョリティ集団から服従を強制され差別の対象となることが多い[28]。

二　コミューンの源流としてのイスラーム

さて、以上においてコミューンの史的展開とコミューンが持つ多様な意義について考察を深めたが、このコミューンのモデルについては実はイスラーム文化の誕生にまで遡ることができる。実際に、前項で延べたコミューンの持つ特徴のほとんど全てが、イスラームにおいてそれらの萌芽を見出せる。そこで、ここではイスラーム文化をコミューンの源流として捉えその本質を探ってみる。

元来、イスラームとはヨーロッパとアジアを結ぶいわば東西の掛け橋として発展してきた。したがって、イスラームの最大の特徴はヘレニズム的なものであり、ここでは文化の融合がきわめて自在に追求されている。

さて、七世紀前半に預言者ムハンマドがイスラームの教えを創唱して以後一〇〇〇年の間に、西アジアのイスラーム教徒達は独自の新しい文化を大成し強大な文化を残すこととなった。しかしながら、このような独創性を見せる一方で、イスラームはヘレニズム文化、イラン文化などの先進文化の伝統を貪欲にまで吸収してきた(29)。このことは、すなわちイスラームが交易、すなわち商業文化に支えられた文化圏として形成されてきたことを意味する。

ヨーロッパに先駆けて都市的文化を確立していったイスラームは、まさにイスラームの平和、すなわちパクスイスラミカにより空前の大交易時代を実現するまでに発展した(30)。そして、このイスラームの特徴は何よりも、都市の文明にあることを主張できる。しかも、これは開かれた世界であり、特に異文化との融合については貪欲までに積極的に行われた(31)。

その意味で、イスラーム社会の人々、すなわちムスリムは本来的にアーバンライフの達人であった。言い換えれば、生活の規範が現金であり貨幣による遠隔地との取引であることが大商人達の誕生を促したのである。彼らの保持していた知はまさに現代の総合商社的な知であり、各地に代理人を派遣したり彼らの情報に基づく有利な売買を展開していった。そして、このような土壌がイスラームに知の文明を開花させ「書の世界」を実現させていった(32)。

1　融合都市＝メッカ

それでは、以下において都市の文明イスラームにおける知の特徴を二点取り上げ、イスラームのコミューン的な特質について理解を深めてみる。その第一は都市の文明のシンボルであるメッカに見出される融合都市の誕生であり、その第二は経典と市場原理に依拠した多国籍コンツェルンとしての商業国家の形成である。

まず、第一の融合都市＝メッカについて言及することで、イスラームにおける都市社会に見出される知について考えてみる。このメッカは元来アラビア半島の紅海よりの内陸、しかも岩だらけの地である単なる一つの巡礼地であるが、これがイスラームの中心、すなわち聖地メッカへと発展しコスモポリタン都市へと進化していった(33)。

それでは、この自由都市メッカの発展の原動力は一体何だったのかを考えてみる。メッカといえども、元来は牧民社会を形成していたにすぎないわけだが、これが、まさに都市社会を形成するにつれイスラーム独特の知を生み出していった。

その第一の要因は、いわばムスリムによる強い連帯意識の存在である。このムスリムのネットワークは、商人や神秘主義者の活動によって世界に広がったため、イスラーム共同体が世界中に形成されていった。そして、世界中のイスラームへの改宗者の保持する知が、まさにメッカをコスモポリタンのシンボルとして発展させていった(34)。

第二は、ムハンマドが「知識を求めよ。たとえ中国であろうとも」といった言葉に象徴的に現れている知の獲得に対する貪欲さの存在である。このように、イスラームはギリシア文明、ビザンツ文明、イラン文明、インド文明、中国文明などの遺産を積極的に吸収していった。例えば、イスラームでは、ギリシアの医学や哲学を継承、発展させ、またインドからは十進法とゼロの観念を学んで高度な数学の成果を生み出した。すなわち、イスラームが異文化との対話を重視したことが実はコスモポリタンを生んだ背景なのである(35)。

それでは続いて、コスモポリタンの自由都市メッカを支えたメッカの商人に見出される知について考えてみる。

さて、ムハンマドの時代におけるメッカの人々は本質的には商人であったと思われる。だいたい、ムハンマド自体が商人であった。また、メッカの住民は皆一人ひとりが独立した商人でもあった。そして、ムハンマドの妻ハディージャのように女性であっても独立した商人なのであった(36)。

そして、このメッカの商人がメッカ以外の人との間で商売を行うために作り上げた制度がかのイーラーフであった。これは商品の委託等も含んだまさにメッカの商人がその隊商の安全を図るための制度であった。なお、これはいわばメッカの商人と外部の人々との商関係の総和を意味しており、ここにおける取引は個人レベルで行われていた(37)。

このように、イスラームは広大な世界に商業を軸に強大なパワーを確立したが、それではこのシステムを支えていたものは一体何だったのだろうか。それはアラビア文字の存在であった。すなわち、イスラームとは文字のある社会であり、またメッカは最も知的水準の高い都市であった。ヨーロッパなどでは、当時文字は支配者とか宗教家とかの一部の人間のものであったが、イスラームにおいては、商人、すなわち都市の普通の人間が当たり前に使う生活の道具であった(38)。

このように、ムハンマドの時代の、すなわち六世紀後半から七世紀初頭のメッカとは、後藤明によれば一人ひとりが自立している個人が集まる社会であった。ここにおいては、一人ひとりの個人は多様な縁を得て他人と関係を持っていた。そして、この人と人との関係は基本的には契約であった。このような関係の総和がメッカ社会であり、またメッカと外部との関係であった。言い換えれば、このメッカは自立した個人間のネットワークが社会を成立させるアラビア的特長を備えた都市なのであった(39)。すなわち、融合都市＝メッカはイスラームという開かれたネットワークのまさにノードとしての役割を担っていた。

2　多国籍コンツェルン＝商業国家の形成

それでは、このような商人によりネットワーク化されたイスラームの商業国家としての知について言及する。ベーア（Hans-Georg　Behr）によれば、イスラームとは世界最古の多国籍コンツェルンであり、ここでは、創造神（アッラー）は実業の神に守られ、預言者（ムハンマド）や王（カリフ）は事業家として君臨している。そのため、このいわば砂漠の帝国については巨大なコンツェルンであるといえる。(40)

これはイスラームが他の宗教と異なり、人間社会の精神的な側面のみならず、経済や産業、そして教育や生活に至るまでの広範な影響力を持っていることを意味している。これは、まさに預言者ムハンマドの成せる技であり、メッカという商業都市の運営形態が現出したものである。したがって、イスラームとは商人の預言者と商人達の議会によって掌握されていた国家なのである。(41)

さて、偉大な商人ムハンマドが彼独自の市場戦略を構築し、そして価格訴求のバザーを開設したことがまさにイスラーム国家の始まりであった。したがって、砂漠の中の隊商路を確保することが国家を支配することに結びついた。イスラームは広大な砂漠という土地を支配したのではなく、隊商路とこれを利用する商人達を支配することで結果的に広大な権力の形成が行われていった。

ベーアによれば、ムハンマドは経済の急所は販売にありと喝破していたそうである。すなわち、彼は販売を通じて生産を手中に収めたのである。そして、事業の継続のためイスラームの宗教化が進展していった。したがって、イスラームの本質は、前述したように宗教であるよりは、むしろ史上最初の巨大コンツェルンとして捉えることが望ましい。また、コーランを一大イスラームコンツェルンの定款であり経営組織の規約であると考えることで、イスラームの本質がよく理解できる。(42)

そこで、これらのエピソードを踏まえて、イスラームの本質について考えてみる。さて、井筒俊彦によれば、イスラームは、まさに地球規模において統一化の道を押し進める運動であると考えられる。井筒によれば、文化的な枠組みにおける対立から人類を解放するものとしてイスラームが位置づけられる。さて、人類は、世界の空間の中にそれぞれ異なった文化伝統を担った多くの民族が雑然と投げ込まれ、押し合い圧し合いを行っている。そこでは、経済的、政治的、宗教的、イデオロギー的摩擦、衝突、闘争等に巻き込まれている。このような状況から脱却させるものとして、まさにイスラームに対しては複数座標軸的な紐帯を世界に構築することへの期待が寄せられる。そして、これこそが元来コスモポリタンとして誕生したイスラームの使命なのである(43)。

異文化間の争いによって、その緊張感が新たな文化の創造を現出することがよく見受けられる。イスラームは地理的な条件もあって、衝突の中から創造的エネルギーを生み出し文化的枠組みのグローバリズムを推し進めてきた。したがって、その意味では、イスラームの存在が、既存の国家や経済の枠組みを越えた文化的接触による新たな価値体系、すなわち新たな知の枠組みを創出するという捉え方が大切になる。

3　イスラームの国際交易ネットワーク

イスラームはコスモポリタンとしてグローバル化の推進者の特質を備えているが、それらを可能としたイスラームの知は、実は彼らが営々と築いてきた国際交易のネットワーク形成に端的に見出せる。すなわち、彼らムスリムは、まさに国際交易を通じてコスモポリタンとして生きるために固有の知の獲得に成功している。それでは、以下において家島彦一に依拠しながらイスラームの国際交易のネットワークについて考察を加えてみる。

さて、現在の世界各国の金融、生産、流通の多くの部分はイスラーム系の商人達により支配されている。家島によれば、「レバ・シリ商人」といえば、西アフリカのナイジェリア、マリ、ガーナ、そしてオーストラリア、中南米の諸国等でたくましく活躍するレバノン系、シリア系の商人達のことで、彼らを中心に中近東、西アジアの人々によるネットワークが世界に形成されていった[44]。

家島によれば、このイスラームネットワークの持つ第一の特徴は、商業礼賛により支えられていることである。現在に限らず過去においても、イスラームにとって商業はいわば人間生活と社会の根幹にかかわる必要不可欠な行為であった。そして、商人は共同体のうちで最も尊敬すべき人物と見なされ積極的に商行為が礼賛されていた。イスラームでは、商業こそがあらゆる生産手段の中で人類に最も貢献し、また最も幸福をもたらすものであるという考え方が脈々と流れてきた[45]。

そして、イスラームでは、商人は常に富裕であり、同時にムルーア（男らしさ）を持っていると考えられていた。このムルーアには、アラブの理想的な男性像と考えることができ、物惜しみせず常に冷静な態度と寛容さを持ち、学術にも深く通じた人物のことを表している。したがって、イスラーム文明は自ずと富が象徴として語られる文明として発展していった[46]。

イスラーム世界を中心とした国際交易は、八世紀半ばには、東は中国、東南アジア、インドから、北は中央アジアやヴォルガ川流域まで、南はインド洋のマダガスカル島や東アフリカ海岸、サハラ砂漠の南のニジュール川や川周辺までの広大な領域を舞台として活躍をしていた。実は、この当時のヨーロッパ、すなわちキリスト教世界では、農村経済を主体とした閉鎖的な中世社会を未だ形作っていた段階にあった[47]。これによって、我々はイスラーム世界がいかに進歩的な社会であったかが理解できる。

家島によれば、この時代にイスラーム世界において最も注目すべきは、イスラーム世界の辺境に住む人々が、西アジアの商人達のもたらす高度な商業文化と接触することで、イスラーム信仰をいわば文明と富、そして連帯のシンボルとして強く意識したことである。したがって、十世紀半ば以後、イスラーム世界が辺境に向かって拡大していく上で、このようなイスラームの商業文化がきわめて重要な役割を演じていた[48]。

そして、十世紀後半になって、このイスラームが世界の新しい政治や文化の中心地として脚光を浴びた都市は、エジプトのナイル川デルタの頂点に位置するフスタート（旧カイロ）とカイロであった。こうして、バクダードからカイロへと国際交通のネットワークと貿易関係が変化することにより、イスラーム世界における時代の転換が行われていった。すなわち、この時期のイスラーム世界内部では、政治や社会状況の分極化と多元化の諸現象が見られ、新たに辺境に向かってイスラーム社会や文化が拡大していった[49]。

そこで続いて、第二にイスラームの拡大を可能にした交通ネットワークについて考察を深めてみる。家島によれば、イスラーム世界の交通ネットワークの安全と秩序を保障していた基本原理、すなわち知の基本的枠組みについては以下の四点に要約できる[50]。

第一は、強大な国家とその衛星国家との間に結ばれる条約と契約関係である。これは、カリフ国家と同様な宗派に属するイスラーム国家間に成立した一種の帰属関係であり、これによってその影響下にある地域圏及び国家間の安全が保障された。

第二は、宗教的原理に基づく秩序倫理と法的保障である。これは、イスラームの生活規範が宗教的な理念と密接に関係していることを意味する。例えば、地中海やサハラ砂漠の交通関係や交易にはマーリク派法学が、またインド洋圏では広くシャーフィー派法学が、それぞれ共通の秩序倫理として強い影響力を持っていた。

第三は、交通路を確保するための独自の組織や集団間の契約である。これは、すなわちキャラバン隊や船団による武装集団化を国家が支援することで強力な軍事力行使できることを狙った対応であった。そして、これによって国家と商人による領域支配と貿易独占という相互のメリットが獲得できた。

第四は、慣習法（アーダ）に基づく秩序倫理である。これは、イスラーム法が地域文化圏の生活と文化に根差した海上慣習法、陸上慣習法、市場慣習法などの多様な慣習法に立脚していることを表している。なお、このような慣習法は多様な形で遊牧民、漁民、都市民、農民の相互間にも存在しており、地域圏内の秩序とか地域間の交流を促進する役割を果していた。

さて、家島によれば、イスラーム世界発展の要因としては十字軍とメッカ巡礼をあげることができる(51)。西ヨーロッパ・キリスト教世界は交十字軍運動の過程で辺境の陰の部分から出て、イスラーム世界という光輝く文明中心の世界と直接接触し交流する機会を獲得した。これによって、西ヨーロッパの世界が徐々に文明化のへの道を歩むこととなった。また、このイスラーム世界で特別な意味を持つこととなった都市が、メッカとメディナなのであった。

この二つの都市は、すべてのイスラーム教徒にとっての巡礼の聖地であり、交際間の交通ネットワークの要地としての地位を確立した。ここは、まさに世界の交通ネットワークが集中する一大センターとなり、人、物、文化情報が交流、接触する重要な機能を果すこととなった。そして、これらが、さらにモンゴル族の世界制覇により陸上交通と海上交通を含めた総合的なネットワークへと発展した。

図1―2　異端と正統のスパイラル的高伸

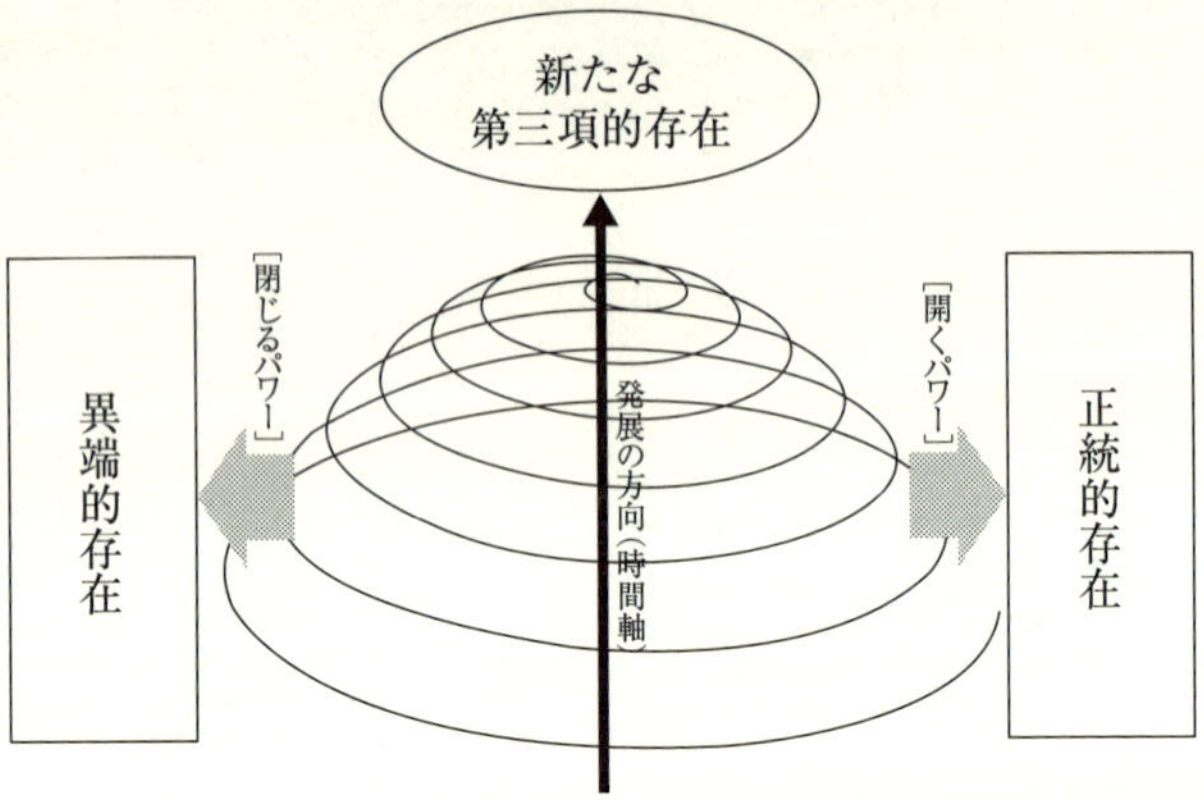

三　コミューン＝その「異端知」と「正統知」

さて、これまでコミューンについて史的観点から考察を加えてきたが、以後においては、これらの認識に基づいたコミューンの持つ多様な知について組織論的な観点から言及を試みる。これよってコミューンが、実は歴史を探って見ると、いつも何か既存のシステムやパワーに対して対抗的な関係として、あるいは共生的な関係とし、すなわち相対的なものとして生まれてきたことが理解できる。もちろん、コミューンは権力の主体者になることもあるが、それでもその期間は概ね短いし、またコミューンとは異なるもう一つの権威的なパワーが異次元のパワーとして存在するのが一般的な状況であった。

そのため、このようなある種のアナザーワールドとして存在するコミューンについては、いつもある種のユートピア的な匂いや民主的な匂いがする存在、すなわち一種のカウンターパワー的存在のイメージがつきまとっている。なお、このコミューンの発展方法については、実はどうも二通りのパワーの行使による組織化プロセスとして考えることができる。すなわち、第一のパワーとは既存のパワーに対して求心力を働かせることで組織的対抗力を形成するいわば閉じたパワーであり、第二のパワーとは既存のパワーに対し遠心力を働かせことで組織的浸透力を形成するいわば開いたパワーである。

そして、当然ながら、前者が異端的な存在を極める力の発揮であり、後者が正統的な存在としての力の発揮であることがよく理解できる。また、この開くパワーと閉じるパワーのスパイラル的な循環が知の進化を実現させるものであると考えられる（図1―2）。

図1―3　価値と要素で捉えた知の体系

価値＼要素	［Ⅰ］異端性への純化（閉じるパワー）	［Ⅱ］正統性への影響（開くパワー）
［A］集団理念（閉じるパワー）	㊃（第二象限）ユートピア願望による非連続の知［原始知］	㊀（第一象限）カウンターパワーによるマイノリティの知［原理知］
［B］行為規範（開くパワー）	㊂（第三象限）ボランティアによる問題解決の知［主体知］	㊁（第四象限）共同体形成による組織編集の知［関係知］

こうして、いずれにしても、コミューンの知は、いわば異端と正統の両者が時間的な流れの中で振り子のように揺れながら形成されていく。つまりコミューンの知においては、時間の流れの中である時には異端の知が強く現れ、また他の時には正統の知が強く現れるのである。したがって、前者においては閉じるパワーが、また後者においては開くパワーが、それぞれ前面に押し出されることとなる。

それでは、このように時空間の中に多様な姿を見せるコミューンの知について組織論的観念に立脚しながら考察を深めてみる。ここでは、第一はカウンターパワーによるマイノリティの知（原理知）、第二は共同体形成による組織編集の知（関係知）、第三はボランティアによる問題解決の知（主体知）、第四はユートピア願望による非連続の知（原始知）という四点の知について、それぞれ知の持つ異端性と正統性から述べてみる（図1―3）。

なお、これらの四つの知を総合的に活用することで、コミューンの存在が担保され、結果としてコミューンを継続、維持することが可能となる。なお、これら四つの知の全体像を、組織経営の価値と組織経営の要素の二軸で表したのが図1―3である。横軸の価値軸には異端性の純化［I］と正統性への影響［II］を、縦軸の要素軸には集団理念［A］と行為規範［B］を、それぞれ設定し、このマトリクスに上記の四つの知を位置づけてみる。

そうなると、上記の四つの知については、第一の［II―A知域］にはカウンターパワーによるマイノリティの知（原理知）が、第二の［II―B知域］には共同体形成による組織集団の知（関係知）が、第三の［I―B知域］にはボランティアによる問題解決の知（主体知）が、第四の［I―A知域］にはユートピア願望による非連続の知（原始知）が、それぞれ位置づけられる。なお、これを前述したパワー特性から整理すれば、閉じるパワーについては、価値軸では異端性の純化そして要素軸では集団理念に、また、開くパワーについては、価値軸では正統性の発揮にそして要素軸では行為規範にというぐあいに、それぞれが位置づけられる。

1　カウンターパワーによるマイノリティの知……《原理知》

このコミューンの持つ第一の知であるカウンターパワーによるマイノリティの知（原理知）については図1―3の第一象限に位置づけられる。この原理知については、要素軸では集団理念、価値軸では正統性への影響に位置づけられる。これはすなわち、組織要素面では閉じるパワーによって現出する集団理念によって、そして組織価値面では開くパワーによって現出される正統性への影響によって実現する知である。

これは歴史的に見れば、例えばかつての自民党に対する社会党のような位置づけであると考えてよい。社会党は自民党があって初めて存在意義があったわけで、また自民党とは異なる陣営として存在することが生存のための前提条件であったことは周知の事実である。だからこそ、社会党は絶対に単独では政権を奪取できなかったわけだし、自民党と連立を組んだとたんにほとんど消滅の危機に陥ってしまった。これこそが、カウンターパワーの本質であり、カウンターパワーとは主役の存在により価値が認められるものであり、それは決して主役にはなれない存在ともいえる。

さて、歴史的に見て、このコミューンではカウンターパワーであった時に異彩を放っていたものが、一旦時の権力を奪取して正統の地位を獲得すると、とたんに対抗権力であった時のような異彩を放たなくなったケースが多い。このことからも、コミューンの第一の知としては、カウンターパワーによるマイノリティの知（原理知）の存在が不可欠であることが理解できる。これはすなわち、コミューンの知がカウンターパワーの発揮ができる位置に居続けることで初めてその存在を保証されることを意味する。

それでは以下において、このような特徴が見出されるカウンターパワーによるマイノリティの知（原理知）について考察を深めてみる。さて、問題の核心は、コミューンがカウンターパワーで居続けることは結構難しいということである。なぜなら、カウンターパワーが、そのパワーを極限まで増大させることによって権力を奪取することがあってはならず、また反対に自らのパワーをどんどん減少させることによって権力への影響力を行使できなくなってもいけないからである。実際のところコミューンは、大抵の場合には影響力を保持できる程度の最低限の状況を維持することによって、カウンターパワーとしてのパワーを最も発揮することができている。

このように、特定の組織がカウンターパワーであり続けるには、それが、必ずやマイノリティであることが前提条件となる。すなわち、マイノリティとしての求心力と組織を守るため外部に働きかける影響力の行使こそが、コミューンの持つカウンターパワーの源泉である。

ノーマン・R・イェトマン（Norman R. Yetman）によれば、マイノリティ集団は他者から差別的な待遇を受け、相対的に社会的に低い集団特性を持つことが普通である。もちろん、数の上ではマイノリティ集団の方がマジョリティ集団よりも人数が多い場合もあるが、それでも、被抑圧者としての存在として相対化されることに特徴が見出される。このようなマイノリティの概念によってコミューンをカウンターパワーとして説明できるし、このような地位に甘んじていることこそ、コミューンがカウンターパワーとして存在するための基本的な条件である。[52]

すなわち、このコミューンは、差別化されることで組織としての存在を確保でき、マイノリティである限りはその存在が保障されている。逆にいえば、権力の正統性は、異端の存在、すなわちカウンターパワーとしてのコミューンの存在により初めて確固たるアイデンティティを確保できる。それでは、以下においてイェトマンのいうマイノリティの特徴について若干の考察を加える。[53]

第一のマイノリティ集団の特徴としては、その成員数が少人数で構成されていることがあげられる。このことは、現在の我が国で最も大きいといわれるヤマギシ会でも一八〇〇人ぐらいであることからもよく理解できる。

第二のマイノリティ集団の特徴としては、そのマジョリティ集団への従属性が低いことがあげられる。実際に、一般的にはコミューンでは共同生活が営まれており、そのためマジョリティに対して被従属的な状態であっても、そのことをほとんど認識していない場合が多いようである。その理由は、このコミューンがコミューン以外の外部集団を意識する度合いがきわめて低いからである。

第三のマイノリティ集団の特徴としては、その姿勢が現実の社会環境に対抗的なことがあげられる。それは、マイノリティ集団が現実的な社会から距離を置く場合が多く、他の社会に従属もせず完全に自立的であるという状態でもないという位置感覚を持つからである。

第四のマイノリティの特徴は、その民族性が宗教に結びつきやすいことである。それは例えば、ユダヤ人とユダヤ教、アラブ人とイスラーム教というような関係を意味する。もちろんこれらは今ではマジョリティであるが、現実に多くのマイノリティ集団においてもこのような関係が実際に現出している。

このように、コミューンはマイノリティゆえにカウンターパワーになりえるし、そのためどこにおいてもマイノリティとして生きるための精神的な価値づけに対して多大な配慮が行われる。すなわち、第一のコミューンの知とは、集団理念という求心力による個人の統合と、統合された集団における社会への公然活動としての正統性の主張という、まさにカウンターパワーによるマイノリティの知（原理知）である。

2　共同体の形成により獲得される集団知……《関係知》

さて、どんなマイノリティでも一定のカウンターパワーを発揮することを望むなら、個人は共同体を組織化し、これにより個人の知を越えた集団知を発揮することが追求される。これは、何らかの原因でマイノリティに甘んじていなければならないパワー弱者が集団に帰依することで、すなわち共同体を形成することで対抗権力を確保しようとする組織論的な試みでもある。

これがコミューンの第二の知であり、また共同体による組織編集の知（関係知）であり、前述の図1―3の第四象限に位置づけられる。すなわち、この関係知については、要素軸では行為規範、価値軸では正統性への影響に位置づけられる。これはすなわち、組織要素面では閉じるパワーによって現出する集団理念に基づいて、そして組織価値面では開くパワーによって現出される正統性の発揮に基づいて実現する知である。

さて、このような特質を持った共同体的組織、すなわち、コミューンを運営管理するには、それなりにそれに相応しい法則に則っていることが要請される。そこで、ここではこのような問題意識に基づいて、集団の共同志向性と組織の統制主義にコミューンの持つ外部への行為特性を見出し、これについて村田に依拠して若干の考察を加えてみる。

コミューンの最大の特徴は、その構成員の理想により組織に対する求心力が働くことである。コミューンは総じて、目的を持って環境の中で多様な組織的価値や規範との関わりの内に存続する。したがって、それを取り巻く状況が変化すれば集団のあり方自体が変わってくる。特に、宗教的な色彩が強いコミューンの場合には、集団目的が重要な役割を果すこととなり、自らの思想に殉ずるためには社会との軋轢は全く厭わないことも多いようである。その理由は、集団に所属する個人にとっては自らの価値観や理想に従って生きること自体が最大の救いだからである。(54)

そうなると、このコミューンの社会との関係における特殊性に、コミューンの固有の集団組織的な知が潜んでいると考えることが妥当である。そこで以下において、村田が指摘する、第一に集団内部の特殊化と個別化、第二に集団の共同志向性について、それぞれ若干の言及を試みる。

かのジンメルが指摘するように、集団は、必然的に外の集団との関係の内に存続している。しかも、それは内部の構成諸要素間の関係に基づいて動いていく。彼によれば、コミューンは同質的集団であるためその構成要素の同質性は次第に増大していくが、他方では、コミューンは外の環境との交流を通じて分化し発展することが予見できる。すなわち、コミューンは集団内の個別化と集団の拡散という形式において注目すべきものである。こうして、コミューンは集団としての社会化を推し進めることとなる。(55)

ジンメルによれば、人間が所属する集団が小さければ小さいほど個性の自由が奪われ、逆に集団の外部に対する遮断性が強くなる。こう考えると、コミューンの場合にはまずもってやや分離的な組織として成立したことが理解できる。[56]

なお、このような特徴を典型的に表している事例として、ジンメルはクエーカー教徒の社会秩序をあげている。ここでは、集団としての規模が小さいこともあり、一方では個人の個性を排除するとともに、他方では大きな集団への帰服を排除する。そこで、クエーカー教徒の場合にはその個性は規制されたものになり、教団全体として個性に乏しいものとなっている。このことは、まさにコミューンの持つネガティブな側面を表しているといえる。[57]

コミューンにおける集団としての外部に対する特殊化と個別化は、実は我等意識と対象志向の共同性から説明することができる。清水盛光によれば、集団の本質をその相互作用に基づく統一の表象に求めているが、これによって集団の本質には相互志向的なものと共同志向的なものがあるとの主張が行われている。すなわち、清水においては、ジンメルが提起した相互作用に基づく統一の表象だけでは集団とはいえず、同時に内部に共同関係が存在していることがその条件であることが主張されている。[58]

これこそが、コミューンという集団を語る際に適切な概念であると思われる。したがって、これから理解できるように、コミューンの集団としての統一は目標志向の共同に規定される一体的統一として捉えるべきである。そうであれば、この集団に組織的一体感を持たせるものが不可欠となるが、これこそが清水がいうところの我等意識であり、この存在が集団がまさに真に統一的な集団に進化するための条件となる。この我等意識は対象志向の共同であり、これによって人々の統一化を実現することができる。こうして、我等に統一される複数の主体が複数の我であるという、まさにその複数の我の成立すなわち何時や彼の我への転換が起こり、我等に統一される複数の我であるという汝や彼の我への転換が生じる。このように、コミューンにおいては、複数の我々の集合であるにも関わらず、対象志向の共同性を媒介にして集合全体を代表する統一的で一人格的な我へと変化していく。(59)

そこで、清水の見解を要約するならば、集団がその統一的な特性を示すための必要条件は以下に示す三点となる。(60)

第一は、志向の共同性であり、これは自らの集団の目標に従って一つの統一体を形成しようとするところに集団構成員が集合することである。

第二は、志向の共同性により個々の我々が集団としての統一的な我に転換することである。

第三は、その統一された我の構成要素としての我々の間には何らの差別もなく成員間に平等の原理が裏打ちされることである。

村田によれば、コミューンはその運営を円滑化するために自ら組織化を図っている。すなわち、コミューンは、存続のためにはそれなりの行為規範を組織的に保持している。それは、集団は組織化されてこそ集団として動くことができるからである。もしも集団に組織がなければ集団運営における効率は低下してしまい、いずれその集団は行き詰まって解体してしまうことが予見できる。そこで、コミューンの組織的な考察は、まさに塩原勉によれば本質的に相容れない以下の二つの原理により説明が可能となる。それらは、第一軸が統制主義であり、そして第二軸が合意主義である。(61)

前者の統制主義は組織目標に向かって全体を動員統括し、一糸乱れざる同調行動を全面的に強要する組織化の機能原理である。後者の共同原理は組織に託される多様な諸要求を調整しそれぞれを満足させるため、必然的に部分化する合意範囲に組織活動を絞らざるをえない組織原理である。そこで、こうような相矛盾する二つの原理を克服する方法論の模索が大事となる。これは塩原勉がいう代表過程の発動であり、相矛盾する二つに機能原理が、すなわち両者ともに実現する道となる。そして、そのためには代表過程の発動としてのエリートの機能的自立性をあげることができる。なお、組織過程では適切なエリートの指導なしには展開されえないため、エリートの集団運営において統制主義と合意主義の調整が行われる(62)。

以上が、共同体形成による組織集団の知についてである。これから理解できるように、共同体を形成するには外部に対する行為規範を確立することが不可欠となり、しかしながら外部との関係において共同体の対抗性を表現するには外部に開かれた正統性の主張も不可欠となる。すなわち、コミューンとは、外部に権力が存在していることが前提であり、そのためそれとの関係性においてコミューンの共同体としての共同志向性と統制主義を理解すべきなのである。

3　ボランティアによる問題解決の知……《主体知》

ここでは、コミューンに参加する人々に焦点をあてて、彼らの組織としてのコミューンへの関わり方の特徴であるいわゆるボランティアについて若干の考察を加えてみる。現在、世界中で社会経済活動においてボランティア活動がさかんに展開されている。その意味で、二一世紀はボランティアの時代になるとの考え方も現在では広く支持されている。しかしながら、コミューンおいては、元来このボランティアについては当然の概念であり、言い換えればボランティアの知によって初めてコミューンが成立しえたといってもよい。

ここで論じるボランティアによる問題解決の知（主体知）については、前述の図1―3の第三象限に位置づけられる。この主体知については、すなわち組織要素面では開くパワーによって現出する行為規範により、そして組織価値面では閉じるパワーによる異端性の純化により実現される知である。

さて、ボランティア組織において典型的な特徴は、金子郁容によればボランタリーな解決能力にある。このパワーが金子のいうコミュニティソリューションである。これは、従来の何らかなの権力によって組織運営が行われている歴史的なコミューンとは全く異なる要素である。すなわち、金子のいうコミュニティにおいては強権を持った支配者の下に組織化されるのではなく、それぞれの主体性と自立性を担保された組織的な活動であることに特徴が見出される(63)。

かつてのコミューンにおいてはいわゆる世俗的な権力体系とは異なる支配構造によって組織が維持されていたが、しかしそれでもコミューンの成員の意識については世俗的な既存の権力と切り離され、それがたとえ幻想であっても自由な意思によって生活や仕事が営まれていた。こう考えると、コミューンにおいては組織の意図によるかよらないかに関らず、少なくても成員が自らの意思で主体的に組織の活動にコミットする色彩が強いものと考えられる。

これこそが既存の権力に対してマイノリティなパワーしか持ちえないコミューンを生存させるパワーの源泉である。すなわち、コミューンは対抗権力であるがゆえに、参加者のボランティアな参画が不可欠となる。とりわけ、宗教的色彩やコミュニズム的色彩が強いコミューンにおいては、これなしには組織の存続が困難なことは周知のとおりである。

もちろん、厳密にはコミューンとボランティアは異なる概念だが、それでも重なりあう所が結構あり、また実際ボランティア的性質がコミューンの多大な特徴ともなっている。ボランティア精神は、利他性、自発性、無償性などの面における条件によって特徴づけられるが、これが厳しいものから緩やかなものまで多様である。その意味で、一般的にはコミューンの社会化が進展すれば、次第にボランティア化してくることを意味している。しかしながら、ここでは著者は人間の持つ専門性の度合いを問うのではなく、むしろ精神的なコミットの深さをコミューンの持つボランティア性であると考える(64)。

したがって、コミューンには、確かに前衛的なグループの主張する共同労働とか共有化の問題もあるのだが、著者はそれよりも解放的な人間関係を求めることにより意義があると考える。しかし、現実にコミューンの問題は一躍住民とか市民とかに関わる問題となり、市民運動的な側面がボランティアとリンクして語られる。そうなると、今防人によれば、結果としてコミューンはハウスホールドを共にすることにもなる。そして、それは、次第に共同生活を行うべく共同労働を行い、少なくとも生産の資金においては財布を共にすることを表すことにもなる。なおその際に、コミューンでは一方で共同化を可能な限り進めるが、他方で個人生活も残しておくという対応が行われる(65)。

こう考えると、コミューンにおけるボランティア的な側面は広く共同化の問題として捉えることも必然性を持ってくる。例えば、中小企業の共同化として工業団地を作るとか、そこで大型機械の共同所有を行うことも、このような問題意識から捉えることができる。ここでは、共同化による相互扶助の実践こそが中小企業の共同化によるコミューンの目標となる(66)。

さて、かつてかの廣松渉がコミューンの本質について真木悠介の概念を紹介していたが、これはコミューンの本質を的確についたものであった。そのため、以下において簡単にそれについての紹介を試みる。真木によれば、特定の人々にとってのみ都合のよいような世界ではなく、すべての人々にとって望ましい世界を実現する方向としては以下の二つの方向が考えられる。

第一は、人間達の関係の背反性という現実をまず永遠のものと認め、その上でこれを最も合理的な仕方で調整するシステムを有限者の共存の技術として追及する方向である。

第二は、このような諸個人の背反性という現実の構造そのものをまさに根底から止揚することを追及する方向である。

第一の道を論理的につきつめて行くと、相克する無数のエゴの要求をいわば超多元的連立方程式による最適解として解くこととなる。真木は、このような方向における理念的な社会のイメージを最適社会と呼んでいる。

これに対して、第二の道はいわばエゴイズムとしての人間のあり方そのものの止揚を志すものであり、真木はこのような方向における理念的な社会のイメージをコミューンと呼んでいる。(67)

すなわち、真木によればその内に生きるすべての人間にとって望ましい世界という理念の要請と人間たち相互の欲求の背反性という現実的な矛盾を解決する方式として、最適社会とはこの欲求の背反性の合理的な調整に志向する型でのユートピアであり、またコミューンとはこの欲求の背反性の原理的な否定に志向する型でのユートピアに他ならない。

また、最適社会は市民社会の諸原理の理念的に昇華された極限にその像を結び、一般にコミューンは逆に共同体の諸原理の理念的に昇華された極限にその像を結んでいる。したがって、最適解型の発想を採る人々の多くは近代的な合理主義への清明な信頼を持ち続け、逆にコミューン型の発想を採る人々の多くは原始の共同体といったものへのはるかな回帰の願望を燃やし続ける。(68)

このように、コミューンにはボランティアによる問題解決の知にその第三の特徴が見出されるが、同時にこれが参加する個人の主体性に裏づけられたものであることが大切な条件となる。もしもコミューンの存在を社会的に担保しようとするならば、例えば強制されたり騙されたりして行為主体となるのではなく、自らの責任意識に立脚して主体的な知であるボランティアの知が結実されることが大切である。

4　ユートピア願望による非連続な知……《原始知》

前述したように、コミューンと最適社会と比較すると、コミューンのロジックは普通より質的、非連続的な考え方をとっており、そのためその戦略は改革的よりは革命的となる場合が多くなる。だからこそ、コミューンは我々の前にまさに理想的な社会として立ち現れてくる。そこで、最も単純にユートピア願望が現出したと思われる、まさにかの武者小路実篤の新しき村と米国における一九六〇年代のヒッピー文化に見るユートピア幻想の中において、いわば非連続な知すなわち最も人類にとっての原初的な知、言い換えれば原始知について読み解くこととする。

さて、ここでいうユートピア願望による非連続的な知とは、前述した図1―3の第二象限に位置づけられる。これはすなわち、組織要素面では閉じるパワーによって現出する集団理念により、そして組織価値面では閉じるパワーによって現出する異端性の純化により実現する知である。

そこで、コミューンについて考えてみると、どうもカウンターパワーの拠り所として、過去それも原始へと回帰する傾向が感じられる。これは、そうなると、コミューンはユートピアよりはアルカディアから発想する方が正しいのかもしれない。しかしながら、原始の知とは、時代を遡るという時間の経過の中で捉えるものではなく、例えば、知のビックバンすなわち非連続的な知の革命として捉えれば、原始の知とはあくまで未来に向けたユートピアの知として捉える方が正しいとも思われる。すなわち、著者が主張したいことは原始への回帰とは実は未来に向けた創造的なトリップであるといえる。
こう考えると、かの新しき村に見る平和主義スタイルとヒッピーに見るサイケデリックスタイルの間には多くの共通点が見出せる。それは、当時の支配的なライフスタイルに対して、もう一つのライフスタイル、すなわちアナザーライフスタイルを主張したことである。したがって、当然ながらこの二つの運動を担ったのは主に若者であり、これら二つのコミューンはまさに青年コミューンというような様相を呈していた。それは、今によれば、いつの時代においても、支配的なライフスタイルを拒否して新たな理想を、共同生活を通して生きることに専念できるのはまず青年だからである。(69)

前者の新しき村の場合には、外の社会が悲惨な世界であればあるほど、小天地はますます聖なる理想郷であることが期待される。確かに、これは無媒介的なユートピアなのだが、知識青年のポジティブな生き方には感銘を受けるはずである。そこでは、新しい全体的な生活革命への情熱を思い遣って初めて理解できる。しかしながら、実際にはここに大きな問題が生じることとなった。(70)

それは、過密状態の組織であるがため、しかも他人として異性同士が知り合う集団であったため、例えば友情と恋愛感情の識別が困難になったことに起因している。それは、村における個人と集団とのありかたについての基本理念の脆弱さにも起因している。ここでは、個人と個人とが無媒介的に結合されるものと考えられたが、その結合はまさに両者を繋ぐのは友情であり愛情なのであった。そして、ここでは実際には武者小路のリーダーとしての権威と、個人の善意あるいは自発性への信頼のみが組織の持つ求心力であった。(71)

そして、このようなことが突出して現れたのが、一九六〇年代に西海岸を中心に若者に流行したヒッピー文化であり、また彼らが営んだコミューンであった。そこでは、ドラッグ革命が性革命と結合され、エレトサイケデリック、すなわち性愛幻覚的な潮流に身を投ずる若者が後を絶たなかった。そのため、ヒッピーのコミューンは初期のラディカルな、そしてポジティブな存在感を急速に喪失させてしまい、堕落の一途を辿って自然消滅をしてしまった(72)。

このように、ユートピア志向のコミューンを長く生きながらえさせることは結構困難なことである。それは、言い換えれば、ユートピア志向を創造的な行為に向けることの困難さを物語っている。その意味において多少問題含みであるが、かのヤマギシ会の長期的に安定した組織運営は画期的なものなのである。しかしながら、ここには彼ら自身が強く否定する宗教的な硬い紐帯の存在が大きく寄与している。

このように、コミューンにおいては、短期的にマジョリティへの影響力を行使する知はマスターしたが、長期的に安定して存在を担保させる知については未だ画期的なモデルは実現していない。そのためには前述したように、組織要素からは開くパワーの行使、組織価値からは閉じるパワーの行使により、ボランティアが個人にとっても組織にとっても有効であるように導くことが不可欠であり、同時に外部との境界融合によって価値の内部化を強化することが期待される。これによって、たとえボランティアの知が資本主義的な権力知であっても、それとの共生は必ず実現できると思われる。

四　コミューンによるパワーパラダイム革新

それでは、続いてコミューンに見出されるパワーパラダイムの革新について考えてみる。前節において、コ

図1―4　コミューンのパワーパラダイム革新

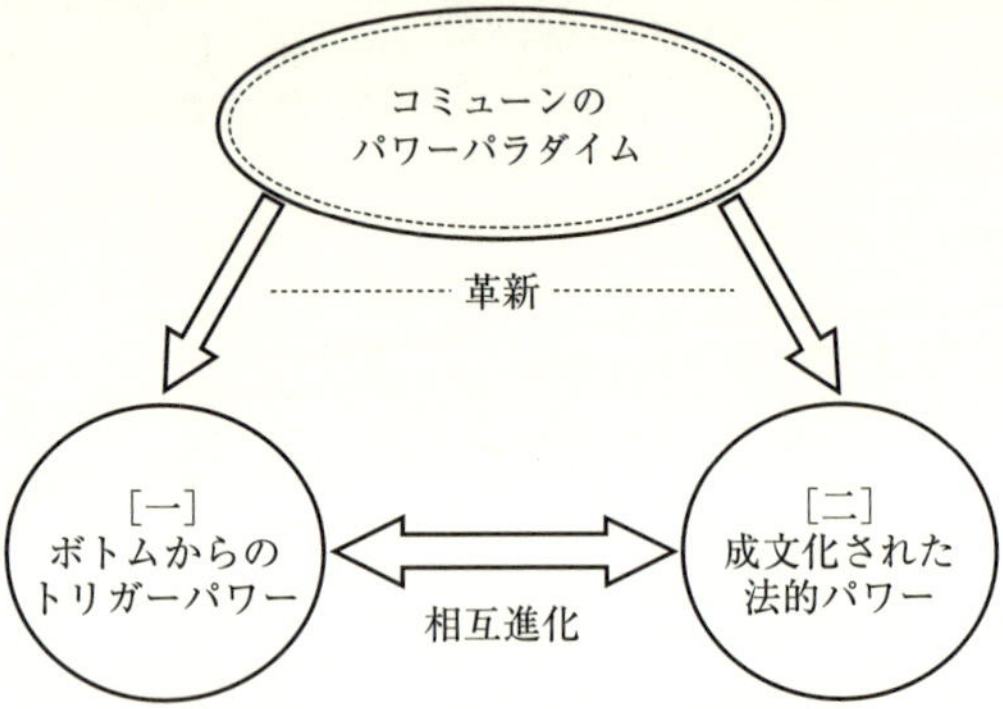

ミューンの知の体系について述べたが、これはどうもパワーパラダイムを変えるための基本条件であると思われる。すなわち、コミューンの知の発揮は、コミューン内部、そして外部との関係におけるパワーの源泉であると考えてもよい。そこで、ここではコミューンに特徴的に垣間みられるパワーに関する三つの観点について言及を行ってみる（図1―4）。

第一は、コミューンの持つ下からのトリガーパワーである。これは、コミューンがある意味では進化の触媒として役割を負わされる宿命を持っていることを表している。第二は、コミューンが持つ慣習法に依拠したパワーである。これは、実は宣誓証書という成文化により初めて公式的に獲得できたものである。

このように、上からのパワー行使から下からのパワー行使へ、そして口頭伝承から成文化というぐあいに、コミューンは従来のパワーパラダイムとは異なる新たなパラダイム創造を行った。その意味では、このコミューンはパワー論的にも歴史上画期的な役割を果したといって過言ではない。そこで、このような観点に立脚して、第一はボトムからのトリガーパワー、そして第二は成文化された法的パワーについて言及を試みる。

1　ボトムからのトリガーパワー

ボトムからのトリガーパワーについては、コミューンの外部組織や外部権力として、特に時のオーソリティに対するカウンターパワーの象徴である考えられる。言い換えれば、例えば自由、平等、博愛を外部に向けて浸透させていく運動がコミューンであると考えてもよい。これは、フランスにおいては、部分的にそして修正的にコミュニズムに導入されていき、それがパリコミューンという形で実体化した。そして、このようなプロセスによって、王と議会はパリの民衆の直接的な監視の下に置かれたのである。

それでは、フランスに脈々と流れる自由、平等、博愛とはいったい何なのであろうか。

このフランス革命は端的に言えば、第三身分である市民と農民がその被支配者としての地位から脱却すべく、支配者である第一身分の僧侶と第二身分の貴族に対して権力の奪取を試みたものである。そして、その成果は、結果的にはラファイエットがまとめた人権宣言へと収斂されていった(73)。

しかしながら、このフランス革命に学ぶべきことはパワー関係が短期的に次々と転換したことである。すなわち、これはまず貴族の叛乱から始まり、そしてブルジョアジーの革命、民衆の革命、農民の革命と、それぞれ共通して社会層の利害を反映しつつ現れ、この力関係がその後のコースを決定していった。そして、これらの経験を踏まえながら七月革命を通過し、いよいよかのフランス二月革命を迎えるに至った(74)。

そして、結果的には社会主義者のルイ・ブランとマルタン・アルベールが加わった共和国が形成された。しかしながら、その後もいわゆる三色旗と赤旗との抗争は続き、最終的には革命と反革命の時を経過し、結果としてナポレオンの登場を見ることになる。ここで理解できることは、カウンターパワーが権力を奪取するとまた新たなカウンターパワーが登場し、これが再び権力を奪取するという権力奪取のスパイラルが描かれることである(75)。

すなわち、これらのスパイラルを通じて、正統派の権力が進化を実現し、それが伝統を刻みながら現在にまで至ったのがいわば歴史である。したがって、いつもカウンターパワーは、時代の流れの中で転換点を乗り越えるために登場した進化トリガーの役回りを持っている。したがって、かのパリコミューンにおいては、コミューンがフランスを現在に導くための歴史的トリガーであったことに意義を見出すべきである。

このような観点から、パリコミューンについてマルクスに依拠して考えてみる。マルクスによれば、パリコミューンは資本家階級とその国家とに対する労働者階級の闘争であり、このパリの闘争を通じて新しい世界史的な段階に入った。またマルクスによれば、このパリコミューンについては、プロレタリアート独裁、すなわちブルジョア国家機構の破壊の必要性から、労働者が独自に自分自身のために行使する国家の構築を追及したものである。(76)

なお現在では、このパリコミューンは、シェリーによる以下のような捉え方が主流とされている。すなわち、パリコミューンとは一八七一年という時代の諸条件と、首都の枠内に限定されたプロレタリアートの民主的独裁である。なお、時代の条件とは社会革命が勝利を修めるために必要な二つの条件、すなわち高い生産力水準とプロレタリアートの革命準備が行えたことである。また、首都の枠とは、権利において対等な諸コミューンの自由な連合に基礎を置く調和的な国家の平和的建設の出発点としてのパリコミューンの自立である。したがって、パリコミューンは単なるユートピア運動ではなく、生産者の手中に生産手段を握らせ、そして連合組織の代理人を通して市民に公共業務の自己管理をまかせることで国家機能を制限しようとする新たな独創的プログラムなのであった。(77)

2 成文化された法的パワー

前節において、主にパリコミューンを捉えて下からのトリガーパワーという時間軸における特徴を述べたが、ここでは、中世都市のコミューンを捉えて自主性の法的なパワーというべき空間軸における特徴を述べてみる。もちろん、歴史上でも、また現在においても、多くの非合法のコミューンがあるが、その狙いは確固たる独立組織としてのアイデンティティの追求である。そこで、ここではデュタイイに依拠しながら中世コミューンとしての自由都市における自主性の獲得を法律との関連で考えてみる。

伝統的な見解によれば、中世都市については三つの類型に整理することができる。そして、それらはコミューン都市、コンシュラ都市、フランシーズ都市という三つである。(78)

第一のコミューン都市については北フランスに分布しており、宣誓共同体を担い手として解放運動の結果領主からコミューン証書の付与が行なわれ、住民は政治的自由と選挙された市政役人による統治の権利を享受していた。

第二のコンシュラ都市については南フランスに分布し、コンシェルと呼ばれる市政役人の団体であるコンシュラによって統治される点に特徴がありコンシュラ証書を付与されていて、立法、財政、司法、軍事の諸点において広汎な自主性を享受していた。すなわち、コミューン都市が集団的領主であるのに対して、コンシュラ都市は真の意味での小国家であるといえる。

第三のフランシーズ都市については中部フランスの王領に分布し、フランシーズ証書を与えられている都市である。この限りで住民に一定の特権は与えられているが、住民の政治的組織はなく王あるいは領主の代理官プレヴォにより統治されていた。

これらの三つの都市類型の中で、領主に対して完全な自由を獲得していたのがコミューン都市であった。なお、普通自治都市という概念については第一のコミューン都市と第二のコンシェラ都市を表わすものである。

さて、コミューンとは元来共同の利益を守るために形成された集団という意味であった。コミューンは、このような目的から実に多様な特権を獲得していった。すなわち、コミューンに加わることで、加入宣誓者の人身と財産は領主の虐待や略奪から守られてきた。また、コミューンにおいては、不当に逮捕されたり罰せられたりしない、取るに足りないことで罵られたりしないというような欲求が感じられる。このように、コミューン都市においては、政治的権限、裁判、警察、都市財産などについては、市政幹部達と選出された役人団体すなわち参審人、同輩役、宣誓者等に属することとなった。(79)

そして、このような状況の中から、次第に都市法が制定されていった。これでは、特に市民の人格的自由が保障されていたが、これが遍歴商人によって流布され、このことによって宣誓共同体が形成されていった。なお、この宣誓証書は主として慣習法を記述したものであり、その意味では証書は慣習法文化の一形態と見なされる。この慣習法は、十二世紀になると成文化が行われ、口頭伝承の慣習法が多様な方法で採録され記述されていった。これらのことから、十一世紀末から十二世紀にかけてが都市成立の時期といえるが、この都市が法的に慣習法を持って立ち上がったのが自由都市なのであった。(80)

このように、コミューンは中世都市の中で最もカウンターパワーを大きく保持した都市であるが、それでも、あくまでマイノリティの限界を打ち破ることはできていない。その意味では、コミューンの持つパワーは、あくまで時代のオーソリティとの相対的なパワー関係においてのみ意味を持ち、それそのものが全体的なパワーを行使することは決してなかったともいえる。そして、このことがコミューンの元来持っているパワーの限界なのでもある。

五　「知のコミューン」に向けた戦略シナリオ

以上において、本章の主題である知のコミューンの形成に向け、歴史上に見出される多様なコミューンからその史的展開と意義を理解し、その上で以下の三点、すなわち第一に「コミューンの源流としてのイスラーム」、第二に「コミューン＝その異端知と正統知」、第三に「コミューンによるパワーパラダイム革新」を捉えながら、まさに知の異端と正統について多面的な考察を行ってきた。言い換えれば、ここで確認されたことは、第一はコミューンの源流がイスラームであること、そして第二はコミューンには固有の知の体系とパワー体系が見出せることであった。

さて、以上のようなコミューンの論述から、コミューンを知の組織化視点から捉えることを試みる。これは、すなわち「知のコミューン」という仮説を構築しながら、これを支える戦略原理を明らかにすることである。そこで、このような問題意識からここでは五つの戦略原理の抽出を試みる（図1―5）。


第一の戦略原理は「神」としてのコミューンであり、これは価値の組織的編集を行うことを意味する。

第二の戦略原理は「技」としてのコミューンであり、これは創造力の次元上昇を行うことを意味する。

第三の戦略原理は「熟」としてのコミューンであり、これは知の臨界点突破を行うことを意味する。

第四の戦略原理は「絆」としてのコミューンであり、これは共時性原理を重視することを意味する。

第五の戦略原理は「場」としてのコミューンであり、これは偏在精神の解放を押し進めることを意味する。


そこで、これらの戦略原理に基づいて、以下において知のコミューンに向けた戦略シナリオの提言を行ってみ

図1—5　知のコミューンに向けた戦略シナリオ

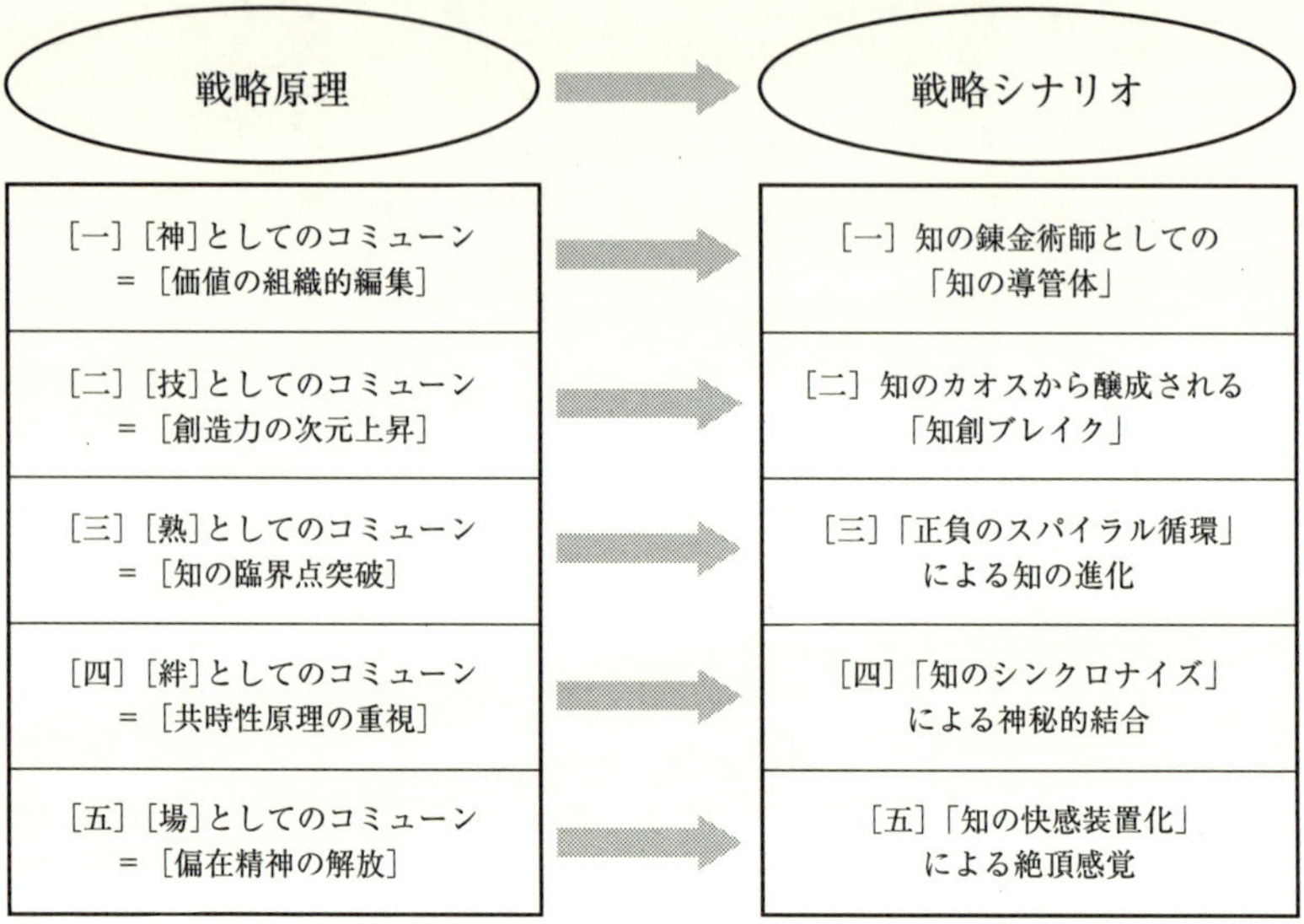

る。

そして具体的には、第一の戦略原理からは知の錬金術師としての「知の導管体」を、第二の戦略原理からは知のカオスから醸成される「知創ブレイク」を、第三の戦略原理からは「正負のスパイラル循環」による知の進化を、第四の戦略原理からは「知のシンクロナイズ」による神秘的結合を、第五の戦略原理からは「知の快感装置化」による絶頂感覚を、それぞれ導き出した。

第一の戦略シナリオは、知のコミューンを実現するために不可欠な機能としての「知の導管体」の確立である。この導管体は、いわば知のネットワーカー、あるいは知の錬金術師ともいえるものである。そして、この知の導管体を利用することで、知のコミューンは外部の知を内部に合目的的に導入できる。

すなわち、この知の導管体の機能とは、一方でまさにコミューンの独自の存在意義を守り、しかしながら、他方で知による組織的な進化を可能にするという、まさに内部における知の創造と外部からの知の消費を同時に追及する知の編集機能を担っている。なお、この導管体の存在により、コミューンにおいて実現される知は、外部とのインタラクションを通じて獲得された知を内部で活用する知のアウトサイドインの仕組みの確立によって、結果として組織の内部に外部の知識価値を自らのアイデンティティに適合的に体化する。そして、この体化された知が組織の内部において醸成されることで、次第に組織的な知のさらなる発展が可能となる、いわば知のコミューンにおける知の進化構造が確立される。

第二の戦略シナリオは、知のコミューンを特徴づける機能である知のカオスによる「知創のブレイク」の組織的実現である。これは、コミューンにおいてはカオスこそが創造の源泉であり、これにより知のパラダイム革新を可能とする知のブレイクが行えることが示される。すなわち、知のコミューンにおいては、知創のブレイクを可能とする組織的な仕掛け作りがきわめて大切な戦略課題となる。

この知創ブレイクにはいわば創造力の次元上昇が要請されている。このブレイクポイントを越えると知は次元を超えた形態に展開し、その効果は既存のパラダイムでは計り知れないほど多大なものとなる。そして、この創造力の次元上昇はいわゆる組織的なゆらぎを成長させることで可能となるため、ゆらぎの意図的な創出が組織的に行われることが必須条件となる。そして、このような対応を行う技の修得で知の次元を一気に上昇させうる知創ブレイクが実現する。

第三の戦略シナリオは、知のコミューンへのアプローチが「正負のスパイラル循環」である知の進化である。これは、異端と正統のスパイラルに知が進化するように、知には常に正負のパワーという両軸の存在があることを表している。そして、これらが対極的なパワーを発揮すればするほどスパイラルの輪は大きなものとなり、知の創造スパイラルは強烈に展開されることとなる。

これは、プラスとマイナスの反発しあうパワーにより強烈な磁場が形成され、そこにある種のエーテル的空間が現出し、知の進化がある種の臨界点の突破により一挙に実現することを意味する。これは、すなわち超知性を獲得する方法論の提示であり、これにより人間は単なる物理的存在を超えて精神的な存在として無限の生命を獲得することが可能となる。その意味では、正負のスパイラル循環とは人間を限りなく精神的存在へと純化するための過程であると考えられる。

第四の戦略シナリオは、知のコミューンにおける「知のシンクロナイズ」による神秘的結合である。このことは、たとえいかなる組織においても相互に創造的な活動を志向するポジティブなインタラクションが行われることで、初めて組織に参画したメンバー間に多様なシナジー効果が実現することを意味している。これは知の創発効果が知の交換から現出されることを意味しており、無意識レベルでの人間の結びつきの創造性を表したものである。

この知のシンクロナイズは、合理的に考えることよりもむしろ科学以前の神秘的な発想によって獲得できる。そして、これによって相互に影響を与える関係が成立し、またこれが因果関係を越えた偶然が現出させる意味を与えてくれる。このようにして与えられた意味には、普通では獲得できないきわめて神秘的な結合関係を人間関係において現出してくる。だからこそ、知のコミューンにおいては、このような知のシンクロナイズによる神秘的結合を獲得すべく共時性原理の理解に多大な努力が行われる。

第五の戦略シナリオは、コミューンへのアプローチが知の創造を通したエクスタシーの体感であることを表している。これは、実は知は頭で考えるばかりでなく、体で感じる、すなわち体感することであることを意味する。これは、知のコミューンにおいては「知の快感装置化」が行われ、これにより絶頂感覚が追求されることを意味する。したがって、組織的結合を人間の好む快感によって実現するのが知の快感装置の構築なのである。

これは、知のコミューンが快感装置として存在することが望まれることで、すなわち知覚の扉が解き放たれるような場の創造がおおいに期待されることを示している。これは、具体的には時空間の壁を超越する、すなわち偏在精神を解放させる意識革命を追及することを意味している。また、このような意識の転換によって人間は絶頂感覚を体験できるとも考えられる。その意味では、知のコミューンは意識革命が日常的に行われている意識の革命空間なのである。

これら五つのアプローチの行き先には、まさに真の知の創造が可能となり、そして、知のコミューンへのアプローチを理解するならば、いよいよ来るべく知識社会に不可欠とされるいわばライフモデルを確立することができる。なお、これらのアプローチを可能な限り早期に獲得することが知識社会の到来へ向けた万全な備えとなる。

1　シナリオ一……知の錬金術師としての「知の導管体」

我々は、今まで知識社会を迎えるにあたり、どちらかというと知というものをいかに蓄積するかという側面だけを重点的に追求してきた。しかしながら、蓄積されたものはすべて消費されることで、初めて実際的な意味を持つことが可能となる。したがって、知は創造されたもの、すなわち生産されたものが消費されることで、結果として価値へと転換するわけである。このことは逆にいうならば、知の消費のスキルが巧みであればあれほど知の創造も効果的に実践しうることを意味している。このことは、また外部において創造された知の内部における組織的な知への転換方法がきわめて重要であることを意味する。

その意味で、知識社会においては、知の創造と消費のプロセスが組織の外部と内部において効果的に確立することが要請される。そしてまた、このような知の創造と消費が、このコミューンにはしっかり確立していることが理解できる。例えば、コミューンの本来的な特徴である自治については、実はこのコミューンが人間の力によるコミューンの外部社会から知の消費を行うことで組織内における構成員の知のパワーが増大している結果といえる。

このことは、社会の知を編集しながら吸収するコミューンの知の吸収メカニズムによって、組織の内部に免疫が機能していることを表している。また、この免疫機能によって、知のコミューンは外部のまさに権力でコミューンを支配しようとするパワーに抗して自らのアイデンティティを守り抜いている。こうして知のコミューンは、知に対するエンジニアリングを可能にするエクスパティーズを保持することで知の創造と消費のバランシングを備えた自己増殖的な進化を実現する。

すなわち、知のコミューンにおいては、対境関係については外部社会との関係の中から熾烈な抗争や連繫を模索することで知の創造が行われるが、逆に組織の内部についてはもっぱら知の消費が重点的に行われ、そして、この知の消費プロセスの確立により組織的な結合が確実なものとなる。特に、知のコミューンの発展段階においては、知の吸収がきわめて激しく行われるわけだから、内部においては可能な限り知が獲得され、そしてその編集された知をもっぱら組織に体化すべく消費を行うことでコミューンとしての組織的一体感が追求できる。

さて、知識社会が到来するにあたり、知のコミューンにおいては知の錬金術師であるである知の導管体が編集による知の転換を図るべく知の創造と消費のメカニズムの戦略的構築を行っている。このように、知のコミューンにおいてはカウンターパワーとしてのポジションから編集された外部知の内部における知の消費、すなわち内部知化を行うことが徹底的に追求されている。そして、これにより獲得できた知を組織に体化することで内部に新たな組織的知を定着させうる組織結合の実現が確実となる。

また、知のコミューンにおいては、一般的に組織化された時には概に組織の知はその組織においては一定程度は所与の知であり、また知のコミューンの構成員は知に対してもっぱら受け身である場合が多くなる。そのため、

図1―6　知の錬金術師としての「知の導管体」

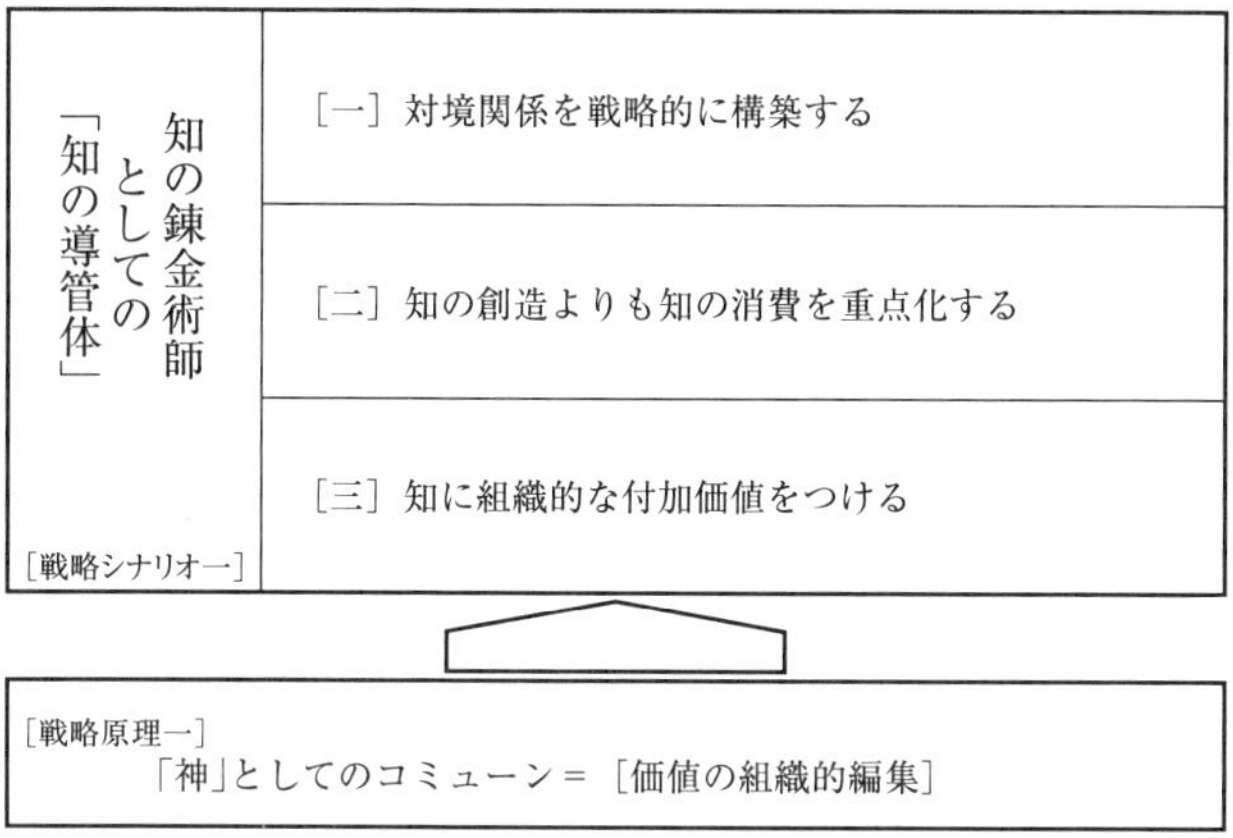

知の導管体が、この受け身の構成員が知に主体的に関われるように編集を施し、すなわち組織の辺境から知の導管体を通じて内部にまで知を導入することで、知のコミューンに対して知の生命を吹き込むことができる。ここにおいて、まさに内と外の壁の存在やコミューンのリーダーと結んだ少数の外部知との接触者の存在が特に重要な役割を担うこととなり、この導管体こそが知のコミューンにおける知の媒介者としておおいに期待される（図1―6）。

これはすなわち、知のコミューンにおける指導者として、組織的に付加価値を付与する役割を担った知的信者的な存在が不可欠であることを意味する。彼らは、ある意味では教義メーカーであり教義伝道者であると考えてよい。これは、またある意味では前述したイスラームにおける神の代理人たる預言者のような機能であるとも考えられる。なお、この預言者としての知の導管体は、まさに神の代理人として構成メンバーに絶大なるパワーを持つ可能性がきわめて高い。そこでこれらのことから、知のコミューンを組織化する方法

論として、このような知の錬金術師ともいうべき知の導管体を育成することが不可欠な条件となる。

2　シナリオ二……知のカオスから醸成される「知創ブレイク」

知識社会においては、知の飛躍を可能にする知の創造メカニズムを持つことが不可欠な条件である。これが、例えば前述した知のコミューンに見出される知の創造と消費の統合メカニズムなのであった。これらは、すなわち知のダイナミズをカオスと安定という対極的なスパイラル循環を繰り返すことで、かってない程の知の創造、すなわちある種の超常的な価値の現出を可能にする知のブレイクが行われる。

なお、知識社会における知の創造プロセスについては既に寺本義也がインターネット時代における自己組織化モデルの提示を行っている。このモデルが、実は知のコミューンにおける知としても適用できる重要なものとなる。もちろん、知のコミューンは、単にリアルな場のみならず、同時にバーチャルな場においても知が組織化されるが、いずれにしても、共に知のカオス状態から知のビジョンと知の仮説設定やそれらの実験と修正を経ることで新たな地の創造と活用が可能になることは変わりない。すなわち、これらの知の創造プロセスを通過することで知のブレイクが行われ、これが次々と新たな意味を与えている。そして、これこそが知識社会時代の知の創造であるし、また知の組織文化としての発展過程のダイナミズムである(81)。

さて、元来コミューンの知とはオーソリティに裏打ちされない未知の知として誕生した。それは、常に対抗的であったり逃避的であったりするが、しかしながら、コミューンの知はいつも時代の先端をいく新たな価値観として存在したことにその特徴が見出される。だからこそ、コミューンはしばしば時の権力に弾圧されたり懐柔されたり、いわゆる知のパワー抗争に巻き込まれてきた。すなわち、コミューンの和を組織的な知の集合として存在させるために、初めのカオス状態から知のブレイクを可能とする知の創造が、知のネットワークによって追求されている。

ここで大切なことは、単なる知識創造を超えて場や時間の属性を完全に打ち砕く画期的な進化が不可欠であり、知をブレイクすることこそがコミューンの知の特徴であるという捉え方である。それは、突然に顕現したり全く新たなものとして突然変異的に現出することがあり、これこそがコミューンの持つ大きな特徴なのである。

それは、具体的にはいわゆる知のブレイクイーブンポイントを超えなければならないことが前提条件となることである。そして、この知のブレイクイーブンポイントとはまさに新たな価値を生めるか生めないかの瀬戸際を表す概念として捉えるべきものである。なお、そのためには、知の創出の出発点はすべてカオス、それも全く混沌としていて、既存の印象をほとんど持てないような一発勝負の中からブレイクが誕生すると考えるべきである（図1—7）。

それでは、この知のカオスから新たな知がブレイクする過程を簡単に展望してみる。これは実はゆらぎの増幅によって説明できる概念でもある。例えば、新しい構造が有限の摂動から出現する時には一つの領域から他の領域へと導びくゆらぎが初期状態を一気に押し

図1—7　知のカオスから醸成される「知創ブレイク」

知のカオスから醸成される「知創造ブレイク」［戦略シナリオ二］	
	［一］知の次元上昇のために自己組織化する
	［二］未知の知へ果敢に挑戦する
	［三］知のブレイクポイントを発見する

［戦略原理二］
「技」としてのコミューン＝［創造力の次元上昇］

図1—8 「正負のスパイラル循環」による知の進化

「正負のスパイラル循環」による知の進化 [戦略シナリオ三]	
	[一] 知における正負のパワーをセットする
	[二] 知の獲得と肉体改造を志向する
	[三] 知を超常的なアニミズムへ回帰させる

[戦略原理三]
「熟」としてのコミューン＝［知の臨界点突破］

やることは不可能である。したがって、それはまず局所で確立した上で、次第に全空間へ浸透していくプロセスを辿ることとなる。そして、最初のゆらぎの大きさがある臨界点の下にあるのかまた上にあるのかにより、そこでのゆらぎは減退していくのか、それとも延滞に広がっていくのかが決定される。

この核形成運動については、転移の古典理論ではきわめて馴染みの深い考え方である。例えば、気体においては凝縮液滴が絶え間なく形成されては蒸発していく。そして、液相が安定である条件に温度と圧力が到達することは液滴の臨界の大きさが定義できる。すなわち、低温であればあるほどこの臨界点の大きさは小さくなる。もしも、液滴の大きさが核形成の閾値を超すならば気体はすぐにも液体に転移してしまう。[82] すなわち、知のブレイクポイントについては、このようないわば知の臨界点として捉えることができる。

3 シナリオ三……「正負のスパイラル循環」による知の進化

さて、知のコミューンに見られる第三の特徴は、正負のパワーの共存と緊張関係によってもたらされる知の創造である。来るべき知の時空間である知のコミューンにおいては、この知の正負の関係によりダイナミックな知の創造が可能となる。そもそも、スパイラルには上向きのスパイラルと下向きのスパイラルがあるが、我々が目指すべきものは上向きすなわちスパイラルによる高伸である。すなわち、スパイラルにはいわば竜巻のように無限の彼方へと我々の知を運びこんでくれることが期待される（図1―8）。

コミューンにおいては、歴史の流れの中で、すなわち外部の価値観に影響を受けることで、正の価値を認められる場合もあったし、また負の価値をあげつらわれた場合もあった。このように、外部の評価は多様に変幻して行くのだが、これらに拘わらず、知のコミューンは自らの信念に基づいて組織の進化を追及する。そして、この外部空間の変化によって正の時代や負の時代を通過する中で、次第に知のコミューンの持つ知は磨きがかかっていき、結果としてコミューンの集団組織としての求心力が高まっていく。このようなことは例えば、多くの急成長を果した新興宗教の教団が時として弾圧を受けることで逆に多大な進化を獲得した事例などからも読み取れる。

そもそも、正の存在とか負の存在ということは、自らが規定するものでなく、あくまで他者から与えられる評価概念である。それは、どんな組織でも当事者にとってはすべて正の存在であるからである。このことは、まさに社会の進化とは一体何なのかを考えることでもある。社会の進化を考える軸足は今も昔も、一方では宇宙の神秘の解明、他方では人間の神秘の解明という二軸から追求される。そして、これがマクロコスモスとミクロコスモスという具合にコスモスという概念で統合的に語られてきた。そこでこのような観点に立脚して、知のコミューンの担い手としておおいに期待される人間の未来について想像力を駆使しながら展望を試みる。

さて、松田卓也によれば、人間の未来に最も大切な観点は人間そのものの高次元への進化への希求である。それは、彼によれば主に人類の肉体の改造と超知性の獲得への願いである。これはいわば内なるフロンティアへの挑戦であり、ここで大切なのは、進化に不可欠な要素が願望であるといえることである。すべての肉体的進化や精神的進化は、人間のみならずすべての動物においても、この願望から生じたといって過言ではない。また、この進化は実は変化に対してポジティブな姿勢を持てるかどうかにほとんど依拠している。なお、人間の進化を阻害する要因は、多くの場合には変化に対する頑な拒絶感である場合が多い(83)。

このような問題を抱えながら人類は進化していくのだが、はたしてその目的は一体何なのだろうか。それは、実は文明の未来がどうなるかに依拠していると考えられる。そこで、我々が本書において提示したテーマが知識文化であったように、今後においてはまさに知の進化によって知識社会が規定されるし、そこでは知識文化がすべてのルールの原点として尊重されることが予見できる。すなわち、未来においては知がいわば人類にとってのバイブルとなり、知の進化こそが人間の未来を約束させうる。このような考え方に立脚して人間が結合した組織体が、ここで提言した知のコミューンなのである。

また、ある意味では知の進化は人間にある種の知のサイボーグ化を導くことになるかもしれないが、しかしながら、このことは人間が物理的な存在を超えて精神的な存在になることを予見させる。その意味では、我々人類の未来については、進化の果てに太古の人間が持っていたアニミズムの世界に回帰することもおおいに予見される。なお、ここにおいては超長期的に自然の輪廻が存在しているとも考えられる。

こうして、知のコミューンにおいては、知の進化が極限にまで究められ、そこには、また人類の未来が超常的な次元から追求され、そうなると、その主体者としてここでいう知のコミューンが期待されてくる。そして、これはすなわち正負の相反するエネルギーの衝突を巧みに活用して進化のためのエンジンとすることである。そして、このことが人類の未来社会においておおいに期待される知のコミューンの持つ一つの特徴なのである。

4　シナリオ四……「知のシンクロナイズ」による神秘的結合

コミューンにおいて特長的であった相互の強い絆は、どうも科学的合理性だけでは説明できるものではない。

そこで、知のコミューンを支える第四の原理としての知の持つシンクロナイズによる結合感覚について言及する。

これは、コミューンの構成メンバーの結合レベルがいわば無意識レベルでの高次の結合であり、これにより組織的パワーの高揚が図られていることを意味する。そこで、このような観点に立脚して、知のシンクロナイズによる結合感覚とは一体どんなものかについて考えてみる。そこで、まずシンクロナイズを先に述べ、後に結合感覚について考え、その後にこれらの統合的な論述を試みる。

図1―9 「知のシンクロナイズ」による神秘的結合

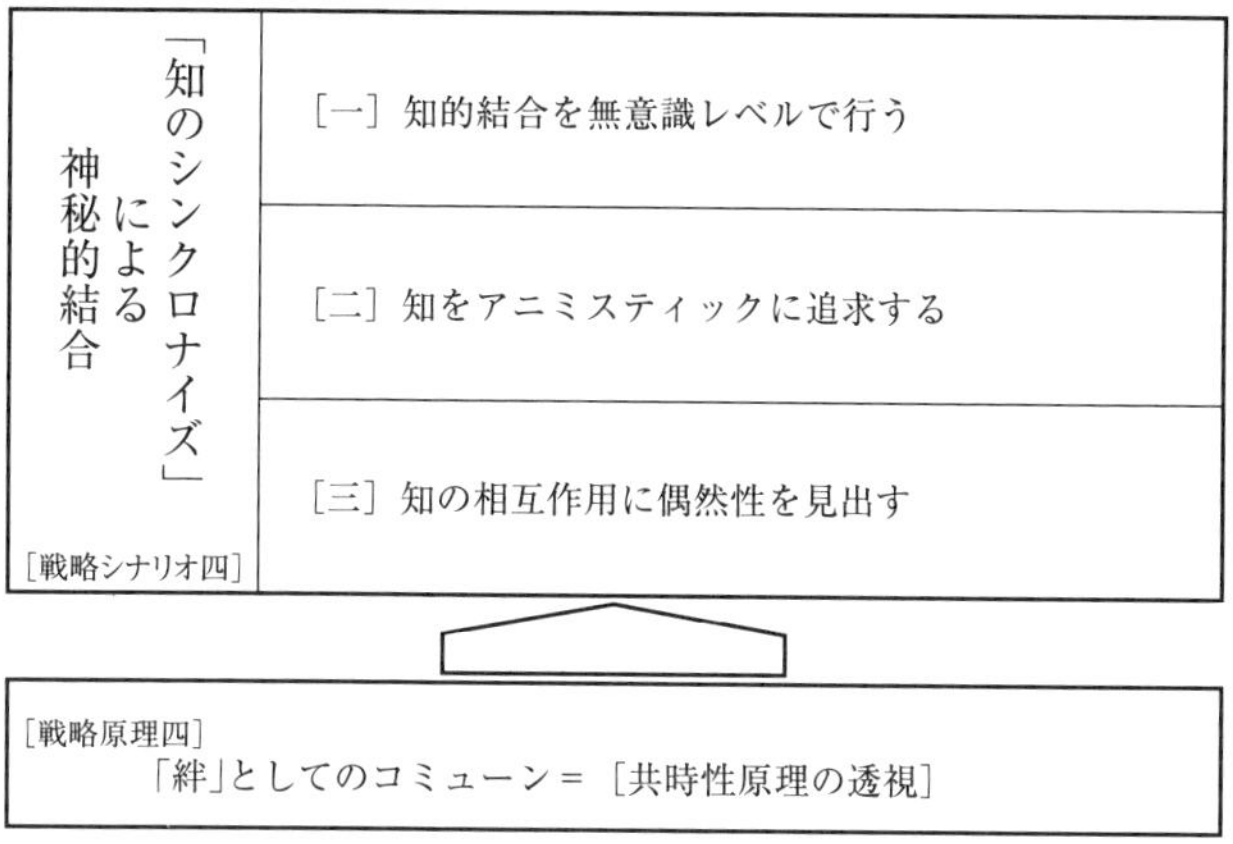

さて、シンクロナイズとは、一般的にはシンクロナイズドスイミングなどで著名な概念であるが、これは元来心理学者のユングによって提唱されたものである。これは、簡単にいうならば、因果律の妥当性を再考してみようという考え方である。言い換えれば、このことは科学以前の時代の多様な秘教やオカルトの教えを認めることで、例えば宇宙の中に共時性原理が存在することに対する人間の直感的理解を暗示している。

さて、イラ・プロゴフ（Ira Progoff）によれば、人間の人生の展開は、二つの分離した次元上で同時に起きている（図1―9）。

一方の第一の次元は、自分の人生、動機、行為に対する個人的な知覚である。この次元は思考と情緒によって起こり、原因と結果を、現代のように合理的に考えるにしろ、原始的魔術のように物活論的（アニミスティック）に考えるにしろ、原因と結果を理解した上で知覚できる目標に向かって動いている[84]。

他方の第二の次元は、個人以上のものである。それは共時性が働くトランスパーソナルなマクロコスモス的な領域である。各特定の瞬間に時間軸を横切る宇宙のパターンを含むこの領域内では、ユングが述べるある規則性、そしてその結果によるある定常的な要因が存在している。ここでは、一つ以上の因果の筋が他と重なり出すやいなや、因果律を越えた何かが活動し始めている。このような一つが他に対する相互作用の直接的な影響は確かに因果律によって理解することができる。しかしながら、あるその時にたくさんの因果的経過が重なる時には、複合したパターンが形成されてしまう。そうなると、これらは相互に作用し合うことができ、そしてそれがそうする限りにおいて相互作用の相互因果律とでも呼ぶべきものが生じてくる[85]。

しかしながら、大抵の場合にそこには相互作用がないため相互因果律は存在していない。また、何らかの二つのことがその特定の時間にそこに一緒にあるという事実は、因果律の見地から普通符合の問題として考えられる。これに対して、ユングは因果的に関係しない諸事象が多大な意味に満ちているため、符合ということ以上の何かを持つと思われる方法で同時に起こることがあると考えた。要するに、ユングは符合には特別な意味があると主張したわけである。したがって、これによれば共時性とは実は意味のある符合であると考えられる[86]。

もしも二つ以上の事象がある場合に同時に生じ、双方とも因果律に関連していないけれど、それらの間に明確な意味のある関係が偶然の一致の可能性を越えて存在している時は、その状況は共時性の根本的要素を持っているといえる。この種のできごとは普通では異なった個人あるいは集団に関わっている。このようなことがまさに人間関係内で起こる共時的な事象の事例である。また、このように共時性が重要である理由は歴史的にきわだった事象として顕現していることが実際に多いからである(87)。

このように、共時性による結合はより大きな変化や成果を生むエネルギーを内包しており、これをもってすれば、たとえ普通の人の集団であったとしても比類ないほどの成果を現出させることができる。だからこそ、知のコミューンが常識を超えたパワーの発揮と存在における特異性を放つことができる。そして、知のコミューンにおいては、その構成員は相互に共時性により結合されたネットワークとして存在している。

5　シナリオ五……「知の快感装置化」による絶頂感覚

最後に、知のコミューンにおいては、エクスタシー（快感）が最上の目標になった思考体系であるべきことを考察する。すべての経験や努力がまさに快感として、すなわち人間にとって望ましいものとして登場することは人間にとって大きな喜びである。また、多くのコミューンにおいては、普通では一見苦しみにしか見えないことですら、構成員にとっては快感体験であることも周知のとおりである。そこで、このような観点から、人間にとって快感とは一体何なのか、そして快感が知のコミューンにどのような影響を与えるのかについて考察を加える。

さて、アリストテレスがニコマコス倫理学の中で紹介したように、かつてエウドクソスが快感は善であると述べていたわけだし、また、密教においても快感をポジティブなエネルギーとして認めていたことは周知のとおりである。それは、人間をある方向に突き動かすためには苦痛を伴うのでは困難なため、可能な限り快感体験をエンジンとした行動規範の策定が期待されるからである。そして、このような対応こそがコミューンを活性化するための大事な方法論の一つであるとも考えられる。もちろん、これについては十分注意しないと単なるセックス教団とまったく同じような堕落に陥ってしまう可能性もある。(88)

さて、快感とはある種の時空間的超越の体感であるといえ、そのため一部のコミューンにおいては薬物が利用されたことも珍しくはない。これによって、かのハクスリーのいう知覚の扉が開くこととなったことも事実である。ハクスリーが行った薬物の利用は意識革命を科学的アプローチにより現出させようとしたものだが、これは時代の要請から内的宇宙への関心が極度に高まった結果現出したことでもある。このような状況の中で、かのティモシー・リアリーやテレンス・マッケンナも、ハクスリーの影響を受けて多少いかがわしいサイケデリックワールドへと導かれていった。(89)

ハクスリーおいてはメスカリンによる幻覚体験から人間の知覚の拡大を理解しようとしたが、これには特に実在感の強さや意味の深さによる秩序付けが重視されていた。これは、言い換えれば、人間の知覚が普通考えられているような受動的なものでも、また客観的なものでも決してなく、主観的な要素により影響をこうむることを表している。そのためこれが機械論的モデルに対する反証の材料を提供している。(90)

それでは、以下においてC・D・ブロード（Chalie Dunbar Broad）のいう快感を生む幻覚体験について考えてみる。人間は誰しも、本来的にはその身に起こったすべてのことを思い出し、そして宇宙で起こっていることもすべて知覚できる存在である。これを、ハクスリーは、人間は誰しも偏在精神を持っているということで説明した。ところが、偏在精神の量がきわめて膨大であるため、通常人間は有益な情報だけに絞り込むためのいわゆる減量バルブを持っている。この制約を完全に解放しようというのが、ハクスリーによるメスカリンによる偏在精神の可能な限りの深層にまで至る探求である。ハクスリーによれば、メスカリンを利用すると、それまで排除されていた偏在精神の内容がどっと入ってくる。これには、超感覚的な知覚や多様なビジョンが含まれており、そのために通常の体験では捉えられないような物事の深い意味や価値が見えてくる[91](図1—10)。

知のコミューンにおいては、このような超感覚的な意味や価値によってネットワーキングされていることにその存在意義がある。すなわちこれにより意識革命による超越的なビジョン形成とそれによる結合、すなわち超感覚的な結合が実現している。これはいわば偏在精神レベルでの結合であるため、したがって、その結合については神秘的といわんばかりの強力な連帯を現出する。

図1—10 「知の快感装置」による絶頂感覚

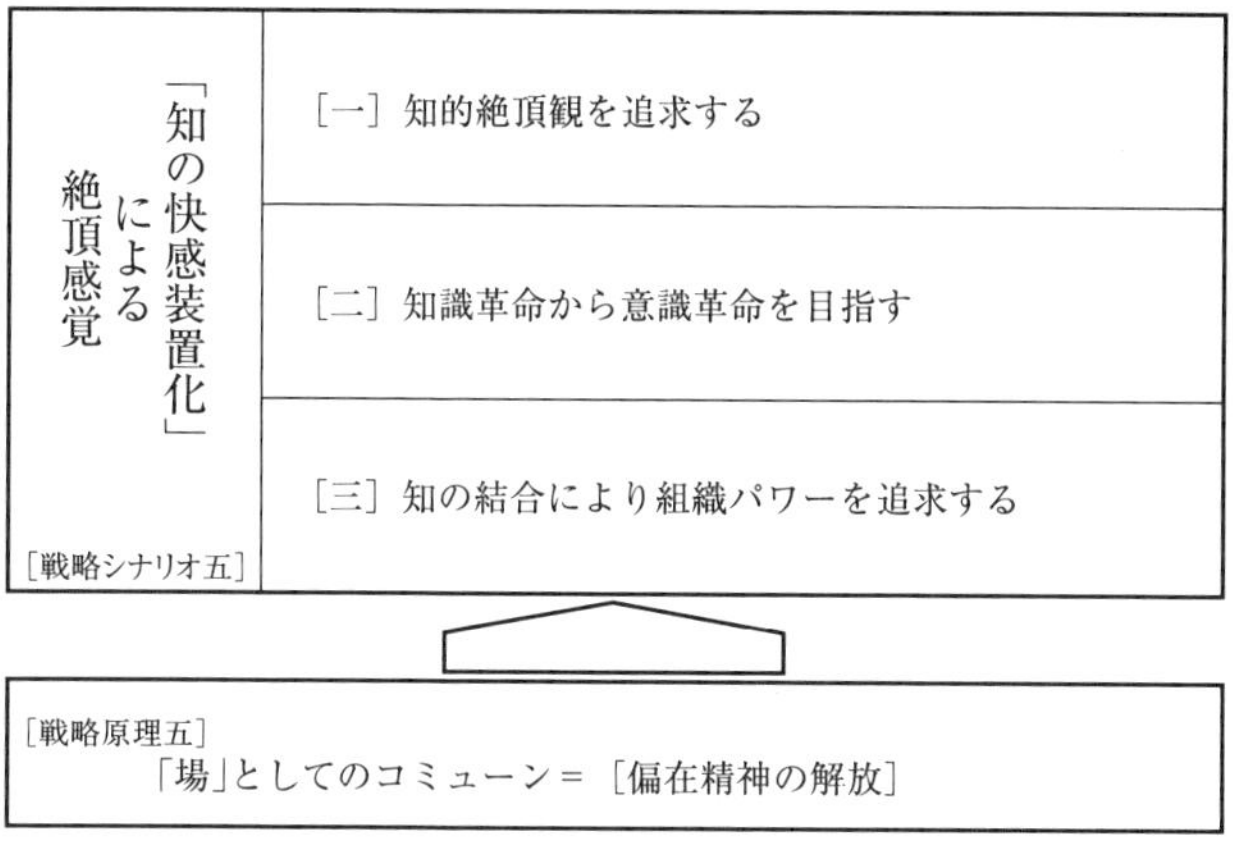

このように、知の装置として知のコミューンを形成することで偏在精神レベルでの快感体感が実現し、これによりコミューンの内的なパワーの創造が行われる。その意味では、今後においては特にコミューンの組織的結合の方法論として、超感覚的な快感体験を提供する仕組み作りが大切となる。また、これが可能となることで、知のコミューンは人間の能力を超えた次元で多大な知の創造を展開することとなる。また、これこそが知のコミューンの本質であるともいえる。すなわちここで強調したいことは、偏在精神レベルで知を紡ぐ人間の結合体としてのコミューンこそが、今後志向すべき知のコミューンであるという認識の重要性である。

さて、このように、知のコミューンは以上五つの特性によって説明しうる概念であることが理解できたはずである。我々は歴史上の多彩なコミューンの現出の中から多くのことを学び取り、これらの知を発展させることで知のコミューンという概念の提示を行ってきた。この概念は知識社会においては不可欠なもの一つであると考えるが、しかしながら、知のコミューンは社会の中に現実的なコミューンという形態で構築されることが大切なのである。そのため著者は、人類の未来を約束するための一つの方法として知のコミューン作りを提言するとともに、コミューンに生きるためには我々の知に対する考え方を根本的に転換する必要があることを強調した。

そして、このような観点から本章においては特に以下のような二つの提言に力点を注いだ。前者についてはコミューンの持つ知、すなわち異端知と正統知についてである。それらは、第一はカウンターパワーによるマイノリティの知（原理知）、第二は共同体の形成により獲得される集団知（関係知）、第三はボランティアによる問題解決の知（主体知）、第四はユートピア願望による非連続な知（原始知）という四点であった。

また、このような知の概念を下敷きにしながら、後者については知のコミューンの戦略的アプローチ軸について提言を行ってきた。それらは、第一は知の錬金術師としての知の導管体、第二は知のカオスから醸成される知のブレイク、第三は知のスパイラル循環による知の進化、第四は知のシンクロナイズによる神秘的結合、第五は知の快感装置化による絶頂感覚という五点であった。

そして、以上の五点によって本著の論点である知識社会における文化論を未来展望として持つべく、本章を通して一つの仮説として知のコミューンの提示が行われた。ところで、ここにおいて提言された知のコミューンについては、実は一人の人間が生きるためのある種のライフモデルとして提示されたものであるが、それでもこれは現時点では未だ完全な形で示されたものとはいえない。

（原田　保）

参考文献

(1) 樺山紘一（一九九六）『ヨーロッパの歴史』放送大学教育振興会。
(2) 樺山（一九九六）、同上書。
(3) 樺山（一九九六）、同上書。
(4) 樺山（一九九六）、同上書。
(5) 樺山（一九九六）、同上書。
(6) 樺山（一九九六）、同上書。
(7) 樺山（一九九六）、同上書。
(8) 樺山（一九九六）、同上書。
(9) 樺山（一九九六）、同上書。
(10) Ｃｈ・プティ＝デュタイイ、高橋清徳訳・解説（一九九八）『西洋中世のコミューン』東洋書林。
(11) デュタイイ（高橋訳）（一九九八）、同上書。
(12) デュタイイ（高橋訳）（一九九八）、同上書。
(13) Ｋ。マルクス（大内・細川監訳）（一九六六）『フランスの内乱』大月書店。
(14) 斉藤日出治（一九九四年九月）「資本・国家・市コミューンのプロプレマティーク」『大阪産業大学論集社会科学編97』。
(15) 斉藤（一九九四）、同上稿。

(16) 斉藤（一九九四）、同上稿。
(17) マルクス（大内・細川監訳）（一九六六）、前掲書。
(18) マルクス（大内・細川監訳）（一九六六）、前掲書。
(19) マルクス（大内・細川監訳）（一九六六）、前掲書。
(20) Rosabeth Moss Kanter (1972), *Commitment and Communes and Utopias in Sociological Perspective*, Harvard University Press.
(21) 村田充八（一九九九）『阪南大学叢書55コミューンと宗教』行路社。
(22) H・ルフェーブル（河野、柴田訳）（一九六七）『パリ・コミューン（上）（下）』岩波書店。
(23) 村田（一九九九）、前掲書。
(24) E・デュルケム（古野清人訳）（一九七五）『宗教生活の原初形態』下、岩波新書。
(25) 村田（一九九九）、前掲書。
(26) 村田（一九九九）、前掲書。
(27) 村田（一九九九）、前掲書。
(28) 村田（一九九九）、前掲書。
(29) 本多實信（一九八五）『イスラム世界の発展』講談社。
(30) 鈴木薫編（一九九三）『パクス・イスラミカの世紀』講談社現代新書。
(31) 佐藤次高、鈴木薫編（一九九三）『都市の文明イスラーム』講談社現代新書。
(32) 佐藤、鈴木編（一九九三）、同上書。
(33) 後藤明（一九九一）『メッカ』中公新書。
(34) 佐藤、鈴木編（一九九三）、前掲書。
(35) 佐藤、鈴木編（一九九三）、前掲書。

(36) 後藤（一九九三）、前掲書。
(37) 後藤（一九九三）、前掲書。
(38) 後藤（一九九三）、前掲書。
(39) 後藤（一九九三）、前掲書。
(40) ハンス・ゲオルグ・ベーア著（金森誠也訳）（一九九八）『商業帝国イスラムの謎』アリアドネ企画。
(41) ベーア（金森訳）（一九九八）、同上書。
(42) ベーア（金森訳）（一九九八）、同上書。
(43) 井筒俊彦（一九九一）『イスラーム文化その根底にあるもの』岩波文庫。
(44) 家島彦一（一九九三）「国際交易ネットワーク」鈴木薫編『パクス・イスラミカの世紀』講談社現代新書。
(45) 家島（一九九八）、同上稿。
(46) 家島（一九九八）、同上稿。
(47) 家島（一九九八）、同上稿。
(48) 家島（一九九八）、同上稿。
(49) 家島（一九九八）、同上稿。
(50) 家島（一九九八）、同上稿。
(51) 家島（一九九八）、同上稿。
(52) 村田（一九九九）、前掲書。
(53) 村田（一九九九）、前掲書。
(54) 村田（一九九九）、前掲書。
(55) G・ジンメル（居安正訳）（一九七〇）『現在社会学体系第一巻社会文化論・社会学』青木書店。
(56) ジンメル（居安訳）（一九七〇）、同上書。

(57) 村田（一九九九）、前掲書。
(58) 清水盛光（一九七一）『集団の一般理論』岩波書店。
(59) 清水（一九七一）、同上書。
(60) 村田（一九九九）、前掲書。
(61) 村田（一九九九）、前掲書。
(62) 村田（一九九九）、前掲書。
(63) 金子郁容（一九九九）『コミュニティ・ソリューション』岩波書店。
(64) 寄本勝美、今防人（一九九七年九月）「地域社会とコミューン」『地域開発』一五六号、財団法人日本地域開発センター。
(65) 寄本、今（一九九七）、同上稿。
(66) 寄本、今（一九九七）、同上稿。
(67) 廣松渉（一九七六年一二月一七日）「根本理念の再確認から始めよ」『朝日ジャーナル』Vol.18, No. 52、朝日新聞社。
(68) 真木悠介（一九七一）『人間解放の理論のために』筑摩書房。
(69) 今防人（一九九七年七月）「日本におけるコミューン運動の曙」『地域開発』一五六号、日本地域開発センター。
(70) 今（一九九七）、同上稿。
(71) ロバート・A・ウィルソン（浜野アキオ訳）（一九九二）『サイケデリック神秘学』ペヨトル工房。
(72) 前川貞次郎、望月幸男（一九七八）『世界の歴史ヨーロッパの世紀』講談社。
(73) 前川、望月（一九七八）、同上書。
(74) 前川、望月（一九七八）、同上書。
(75) 前川、望月（一九七八）、同上書

(76) マルクス（大内・細川監訳）（一九六六）、前掲書。
(77) 桂圭男（一九七一）『パリ・コミューン』岩波新書。
(78) 高橋清徳（一九九八）「コミューンと都市法」Ｃｈ・プティ＝デュタイイ、高橋清徳訳・解説『西洋中世のコミューン』東洋書林。
(79) デュタイイ（高橋訳）（一九九六）、同上書。
(80) 高橋（一九九八）、前掲稿。
(81) 寺本義也（一九九九）「インターネット・ビジネス革命」寺本義也、原田保編『図解インターネット・ビジネス』東洋経済新報社。
(82) 原田保、松岡輝美（一九九九）『21世紀の経営戦略』新評論。
(83) 松田卓也（一九九五）『正負のユートピア』岩波書店。
(84) イラ・プロゴフ（河合隼雄、河合幹雄訳）（一九八七）『ユングと共時性』創元社。
(85) プロゴフ（河合訳）（一九八七）、同上書。
(86) プロゴフ（河合訳）（一九八七）、同上書。
(87) プロゴフ（河合訳）（一九八七）、同上書。
(88) 堀田彰（一九六八）『アリストテレス』清水書院。
(89) 菅靖彦（一九九五）『エクスタシー革命の光と影』八幡書店。
(90) 菅。
(91) 菅（一九九五）、同上書。

第二章　知のトリックスター

一　知の転換者

どのような文化共同体においても、人々は秩序と安定を求めがちである。人々は秩序を維持し、安定した共同体を築くために、様々な装置を発明し、精緻化していった。近代組織や国民国家は、そうした作品の代表例であろう。

しかし、秩序と安定は、われわれにとって心地よいものである反面、非常に危険なものでもある。なぜなら、成熟した秩序は成長の限界を意味し、安定した均衡は、システムの死へとつながるからである。また、ある人々が秩序と安定のためにとる行為が、それ以外の人々にとっては脅威となりえることは、過去の度重なる戦争の歴史が雄弁に物語っている。

トリックスター（trickster）は、こうした既存の秩序と硬直した文化に挑戦し、それを破壊し、新たな秩序や文化を創造する「知の転換者」である。知識ネットワーク社会を迎えている現在、既存の秩序を超え、自由自在に境界を渡り、新たな知を創造するこうした「知の転換者」の役割と意味を深く検討することが必要不可欠である。本章は、この「知の転換者」としてのトリックスターについて、詳細に検討する。さらに、いくつかの具体的事例を交えながら、知識ネットワーク社会に求められるトリックスターとはどのようなものかを明らかにしていく。

1　トリックスターの概念と定義

トリックスターとは、簡潔に言えば、世界各地の神話・伝説・昔話に登場する「いたずら者」である。こうしたトリックスターの概念は、構造主義的文化人類学、およびユング心理学において発展してきた。トリックスター研究の一つの集大成であるといえるのが、P・ラディン、K・ケレーニィ、C・G・ユングによる共著『トリックスター』（一九七四）である。この本の序文でラディンは、トリックスターを以下のように定義している。

「トリックスターは創造者であって破壊者、贈与者であって反対者、他をだまし、自分がだまされる人物である。彼は意識的には何も欲していない。抑えつけることのできぬ衝動からのように、彼はつねにやむなく振舞っている。彼は善も悪も知らないが、両方に対して責任はある。道徳的、あるいは社会的な価値は持たず、情念と食欲に左右されているが、その行動を通じて、すべての価値が生まれてくる。(1)」

文化人類学において、北米のネイティブアメリカンやアフリカにおけるトリックスター説話は、創造神話や共同体の由来を物語る極めて重要なものとなっている。また、ギリシア神話のヘルメス、日本神話のスサノオノミコト、民話の彦一や吉四六《きっちょむ》などはトリックスターの代表的な例であるとされる。

（1）　ヘルメス神に見るトリックスターの特徴

特に、ギリシア神話におけるヘルメス神は、あらゆる意味でトリックスター的な存在であると言うことができる。ヘルメス神の特徴を理解することは、これからわれわれが議論していくトリックスター像を考えるための手がかりとなりえるので、以下に簡単に紹介する。

ヘルメスは、いわゆるオリンポス十二神の最後の一人であり、世界の支配神ゼウスの息子である。ゼウスの伝令使（メッセンジャー）としての役割を持ち、天界の神々と地上の人間との間を行き来する。また、彼は、〝プシュコポンポス〟といわれる死者の案内人でもあり、人間を死後の世界、つまり冥界へと誘うのである。したがって、ヘルメスは様々な世界を旅する旅人や商人の守護神とされている。

ヘルメスはまた、非常に悪知恵に長けた神であり、兄でもある太陽神アポロンの牧場から、見事なトリック[2]をつかって牛を盗み出したエピソードは有名である。こうしたところから、ヘルメスは、泥棒や詐欺師、ペテン師の神でもあると考えられている。

こうしたトリックスター神としてのヘルメスの特徴を、山口昌男（一九七五ａ）は、以下のようにまとめている[3]。

①小にして大、幼にして成熟という相反するものの合一。
②盗み、詐術による秩序の混乱。
③至る所に姿を現す迅速性。
④新しい組み合わせによる未知のものの創出。
⑤旅行者、伝令、先達として異なる世界を結びつけること。

⑥交換という行為によって異質のものの間に伝達を成立させること。
⑦常に動くこと、新しい局面を招くこと、失敗を恐れぬこと、それを笑いに転換させること。
こうした特性はトリックスターそのものの基本的特徴であると理解されている。

（２）ユング心理学とトリックスター

ユング心理学において、トリックスターは元型（archetypus）の一つであり、集合的無意識を議論する際の重要な概念として用いられている。人間のこころには、フロイトのいう個人的な無意識だけでなく、人類に共通の「集合的無意識（普遍的無意識）」が存在するというのが、ユングの主張である。この集合的無意識のパターンとしてあるのが、元型である。「トリックスター」の他に、男性の中の女性像「アニマ」、女性の中の男性像「アニムス」、生命を生み出すとともにすべてを呑み尽くす「グレートマザー」知恵の象徴「老賢者」などがある。

河合隼雄（一九八二）によると、ユング心理学におけるトリックスターは、以下のように説明される。(4)

①トリックスターは、たいへんないたずらで、一つのシステムを破壊することによって、次の新しいものを創造する。すなわち、破壊をしながらも、思いがけない連結をつくるので、創造神話によく登場する。
②トリックスターは、破壊と建設の両義性を持つ。トリックスターの物語においては、「システムの硬直化→改変のための破壊→新しい結びつきの発生」という経過をたどることから、創造性と密接な関連がある。
③トリックスターは、未熟な子供っぽい性格を持ち、意識化される一歩手前の、まだ人間にならない動物の姿で現れることが多い。
④神話や昔話において、トリックスターは、ある部族の祖先であり、その部族に火をはじめとする様々な技術や文化をもたらした英雄として知られている場合も多い。

⑤トリックスターが暴れ回ることで、眠っていた無意識の中の要因を目覚めさせ、意識の表面に追い出して、新しい文化の発展を促す。

(3) トリックスター概念の発展

また、文学やドラマの解釈や構成としてもトリックスターの概念はしばしば好んで用いられる。たとえば、シェークスピア劇に登場する宮廷道化や妖精はトリックスターであると解釈される。(5) 思想界におけるソクラテスやキリストをトリックスターとしている例も多い。日本では、天下統一の野望を持った織田信長などもトリックスター的な側面を備えた人物であったといえる。現代ビジネスにおいては、たとえば、規制と許認可の行政が中心であった運輸省に対して挑戦したヤマト運輸などが代表的な例であろう。(6)

このようにトリックスターの概念は、現実の事象との関連性の中で解釈されることによって、より豊かに発展してきた。ここでは、知識ネットワーク社会という観点から、トリックスターの活躍ぶりをみていく。

2 トリックスターと共同体

(1) 共同体におけるトリックスターの位置付け

トリックスターは、共同体における既存秩序の破壊者であると同時に、新しい秩序の創造者でもある。また、物語の中では、しばしば共同体に新たな知（技術や制度など）をもたらした「文化英雄」となったり、権力者である「王」や「賢者」といった地位・名声を獲得したりする場合もある。(7)

トリックスターの姿は、未熟な子供っぽい性格の人物であったり、ウサギやリスなどの弱い小動物であったりする場合が多い。しかし一方で、狡猾でずる賢く、知恵を駆使して伝統的な秩序やそれを体現する権力者（神や王）、あるいはそれに従う共同体の人々に対して挑戦する。

トリックスターは、共同体の持つ既存の知識体系からは考えられないことを行い、既存の秩序や規範が多くのうちの一つに過ぎないことを見ている人々に教える。すなわち、冗談、詐欺、盗みなどの反社会的なトリックスターの行為によって、既存の秩序が相対化されるのである。

ただし、こうした秩序の相対化が、結局は既存秩序の中に巧妙に組み込まれている場合がある。たとえば、ヨーロッパ中世の宮廷道化は、ロバの耳と鈴のついた頭巾、まだら模様の服といった異様な服装で王のそばに寝そべり、好き勝手に言いたいことを言う。つまり、既存の権威を超えた束縛のない自由な発言が保証されているのである。家臣や民衆が決していえないことを、道化が面白おかしく、しかも辛辣に、王に対して語りかける。このような関係は、実は中世社会を維持するための安全弁として機能していた。いいかえれば、道化を置かなければバランスがとれないほど、中世の空気は閉塞していたのである。

こうした現象は、現在のビジネス組織においても明らかに存在する。たとえば、ケッツ・ド・ブリース（一九九四）は、社外コンサルタントや一部の経営幹部が道化師の役割を果たし、トップを牽制することによって、組織の精神的健康を保っている状態があることを指摘している。[8] いずれにしても、ここでのトリックスターとしての道化は、共同体（中世ヨーロッパ社会における封建国家や現代のビジネス組織）に対して、その共同体内部の日常の規範に拘束されないという意味での外部性を持つ存在であった。

こうした考え方は、文化人類学者山口昌男の道化に関する一連の研究の中に集約されている。それは、秩序（コスモス）としての世界は、その外部（カオス）からのエネルギーによって活性化されており、道化は両者の媒介としての役割を担っているという主張である。共同体とその中心にある王は、周縁を代表する道化の存在によって初めて全体性を持ち得るのである。

ユング心理学においても同様のことがいえる。トリックスターは、「影（shadow）」の部類に属する。「影」とは、自我の暗黒部分、自己の内にある悪や、否定的なものを指す。光があれば、必ず影は存在する。言い換えれば、影を持たない人間はいないのである。自分の影を直視し、それを理解するような努力をすることによって、人格の統合と成長が図られると言ってもよい。

（2） トリックスターと境界

トリックスターと密接不可分な概念として、「境界」の概念がある。山口昌男（一九七五b）によれば、境界とは「意味出現直前または消滅寸前の混沌の表現」[9]である。また、「境界は多義的である故、そこには日常生活の中では位置を与えられないイメージが立ち現われる可能性を持つ。二つの矛盾するものが同時に現われることができる。そこでは、イメージ及び象徴が、言葉になる以前に絶えず立ち現われ、増殖し、新しい統合をとげる」[10]として、境界が持つ多義性ゆえの創造力（想像力）を指摘している。

境界は、「内と外、生と死、此岸と彼岸、文化と自然、定着と移動、農耕と荒廃、豊饒と滅亡といった多義的なイメージの重なる場」でもある。[11]したがって、トリックスターは、また「境界を横断するもの」である。たとえば、ヘルメス神は、冥界と人間界、そして神の世界をつなぐメッセンジャーであり、旅の守り神である。トリックスターは、ある共同体の境界の中にいることもあるが、その境界に縛られないで自由に飛び回る。したがって、トリックスターは境界をまたがる両義性を持つことになる。トリックスターは、共同体の「周縁部」にいるものであり、両義性に対する鋭敏な感覚を持ち、「中心部」の文化・思想を対象化、相対化するのである。

共同体の境界の外部からの来訪者がストレンジャー（stranger）である。ストレンジャーとトリックスターの類縁性は高い。[12] いずれも既存の知識体系とは違うものを持っており、共同体にゆらぎを与える。

ストレンジャーの役割を果たす人々として、商人や芸人があげられる。商人や芸人は、その共同体とは別の世界の「モノ」や「コト」を伝え、一定期間滞在し、また去っていく。そして、滞在した共同体で得た「モノ」や「コト」を別の共同体に伝えていく媒介者となるのである。

そうした意味では、トリックスターあるいはストレンジャーは、いずれの共同体にも属さない自由な存在である。自由であるがゆえに、彼らの身分は不安定である。宮廷道化であれ、商人や芸人であれ、制度上は、最下層に位置付けられながらも、最上位の権力者に対して対等な振る舞いが許される。ここでもトリックスターは両義性を持つ。

商人や芸人の例でも明らかなように、トリックスターは必ずしも個人ではない。しばしば、隊商（キャラバン）や芸能集団のように、極めて組織化された集団として存在する場合がある。また、会社組織や一つの業界自体が極めてトリックスター的な振る舞いをする場合もしばしば見ることができる。

二　ビジネストリックスター

以上が、トリックスターに関する基本的な概念と枠組みである。しかし、われわれが議論するのは知識ネットワーク社会であって、古代の神話の世界でもなければ中世封建社会でもない。ここでは、そのことを念頭におきながら、現代ビジネス社会におけるトリックスター的現象の数々を検討していく。既存知識体系に挑戦するトリックスター的な人物の出現、それを歓迎する消費者・生活者の共同体、知の成熟、そして新たなトリックスターの出現というサイクルで世界が進化していくことがわかるであろう。

1 商い人の光と影

まず、トリックスター神ヘルメスに敬意を表し、商業に関するトリックスターを探索していく。ここでは、わが国の小売業の歴史を概観してみていくことにする。

日本における小売業は、古くは三越の前身「越後屋」が一六八三年に「現金掛け値なし」の正札販売を世界で初めて実現したことをはじめ、いかに既存の枠組みを抜け出し、消費者・生活者に歓迎されるビジネスシステムをつくるかが、常に重要な課題であった。その意味では、どれだけトリックスター的なセンスを持ち得るかがこの世界で勝ち残るための不可欠な条件であるといえる。ただし、それだけでは十分ではない。結論を先取りしていえば、時代をどれだけ味方につけられたかどうかが成功者を決めるのである。時代が追いつけなかったトリックスターもあれば、いつのまにか時代においていかれたトリックスターもある。もちろん、これは小売業に限ったことではないが、その時代を生きる生活者の支持が不可欠な小売業では、特に顕著なことなのである。

(1) 早過ぎた一番星

マツモトキヨシというドラッグストアがある。全国の女子中高生に「マツキヨ」の愛称で呼ばれ、大変な人気である。業績も好調で、最短期間で東証一部上場をなしとげた。マツモトキヨシは全国にチェーン展開をしている。現在われわれがごく当たり前のように目にしているドラッグストアのチェーン店組織のシステム（チェーンオペレーション）を、いまから百年近く前にこれを日本で最初にはじめたのが、星一《ほしはじめ》氏という人物である。

星一氏は、星製薬という会社を創設した実業家であり、戦後は初の参議院選挙に最高点で当選して政治家としても名を残した。星氏は、第一次大戦に敗れ困難に直面していたドイツの科学界に資金援助を行い、特に、アンモニア合成技術の開発でノーベル賞を受賞したフリッツ・ハーバーとの親交があったことでも有名である。つまり、星一氏は、科学史の分野でも忘れてはならない人物とされるのである。

しかし、現在は著名なSF作家、故・星新一氏の実父であると紹介したほうがわかりやすいかもしれない。この星新一氏が、父星一氏の生涯を描いた作品で『人民は弱し官吏は強し』（一九七八）という伝記的な小説がある。[13]この作品を中心に星一の足跡を追跡してみる。

星一氏は、一八七三年、現在の福島県いわき市に生まれた。十八歳で上京、東京商科学校を卒業後「勇気が成功を生む」大切さを自覚、二一歳のとき自由の地アメリカへと旅だった。滞米中、働きながら英語を学び、統計学を修めるためにコロンビア大学に入学。同大学政経科を苦学して卒業し、日本人で初めて、現地で雑誌「ジャパン・アンド・アメリカ」を創刊した。

また、渡米中に生涯の師と仰いだ新渡戸稲造をはじめ、後藤新平、伊藤博文、野口英世、杉山茂丸など明治の代表的な人物と知り合った。発明王エジソンとも知己の仲だったという。特に同郷の野口英世とは親しい間柄であった。野口英世の伝記などで、年老いた母親に会いに一時帰国する場面があるが、このときの旅費を工面したのが、他ならぬ星氏であった。新し物好きで、綿アメの機械を日本に初めて持ってきたのも、彼であったという話である。

一九〇六年、十二年の渡米生活を終えて帰国した星氏は、社会奉仕、大衆性などの観点から製薬事業を始めた。この時に、それまでの問屋制度ではなく全国に特約店制度を敷き、日本で初めてのチェーン店組織を確立し成功を収めたのである。

この成功を基盤に、五年後の一九一一年、現在の品川区西五反田に「星製薬株式会社」を創立した。同地にあった約二万三千坪という広大な敷地、鉄筋四階建て、従業員三〇〇〇人の巨大な工場は当時、東京名物の一つに数えられるほどであった。またその経営も、社内教育の徹底、福利厚生の重視、株式の公募など現代の経営に通じる先駆的なものであった。この社内教育部門を基盤に一九二二年には星製薬商業高校を創立した。同校はその後一九四一年には星薬学専門学校、一九五〇年に星薬科大学となって現在も続く。そこでは、製造から販売にいたる薬のあらゆる知識に加え、政治・社会・商業道徳などの教育も行われていたそうである。(14)

星製薬は、日本で初めてモルヒネの精製に成功するなど、事業は順調に発展した。代表的な製品は、この業務用モルヒネと星のマークの「ホシ胃腸薬」として有名な大衆用胃腸薬であった。

しかし、一九二四年、成功に対する周囲の同業者の嫉妬によって内務省衛生局から目をつけられ、政党の抗争(15)に巻き込まれた星氏は、生阿片の取扱いで犯罪者の汚名を着せられた。これが、阿片事件である。この事件は、国にかわって保管していたモルヒネの原料阿片が、麻薬統制法に触れるとして移動を命じられたことに端を発する。星製薬は、合法的に阿片を台湾に移したが、これが台湾阿片令に触れるとして星氏が起訴される。この事件を機に新聞からも攻撃され、競争相手に乗っ取りをしかけられる。

結局、事件は星を追い落とそうとする者の虚構であったことが明らかになり、無罪の判決をうけるが、事業は大きなダメージを受ける。(16)その後、星氏は入植者を入れてペルーでコカインを栽培するために渡米したが、一九五一年、ロサンゼルスで亡くなった。享年七七歳であった。

『人民は弱し官吏は強し』の解説は、後藤新平の孫にあたる鶴見俊輔氏が書いている。そこに星一の悲しきトリックスター性を見ることができる。

「米国の大審院判事オリヴァ・ウェンデル・ホウムズ二世は、アイデアを自由市場に出し、そこで勝ち抜くものが良いアイデアである。という説をたてた。

一九世紀の米国ではある程度そういう考え方によって生きることができたかもしれない。

しかし日本にもってきて米国ゆずりのその信念によって生きようとしたところに星一のくいちがいがあった。それはいわばボタンのかけちがいのようなもので、そのちぐはぐな服を着たまま星一は失敗にもめげず生涯陽気にとびまわっていた。そこには断固とした姿勢があって、彼の生涯そのものがほとんど芸術的な感興を呼びさます。[17]」

「ちぐはぐな服をきて失敗にめげず陽気にとびまわる道化」というのが鶴見氏の、そしてわれわれの抱くトリックスターとしての星一氏の人物像である。星氏は、日本という共同体に、アメリカの「自由競争」という信念を持ちこもうとしていたといえるのである。

そして、鶴見氏はこう続ける。

「しかしこの姿勢はその信念とともに、成功を約束されていない。明治以前もそうだったであろうが、明治以後も、商才は、政治力とくに政治を動かす官僚と結びつくことなしには、この日本では安定する力を発揮することはできない。しかも、星は、政治の領域において、負け犬を兄貴分としてえらんでしまったのだから、成功するわけがない。[18]」

トリックスターは、いつも成功するわけではない。時には信じられない大失敗もする。その失敗は、トリックスターにとって命に関わることもある。なぜならば、トリックスターの挑戦は、強大な既存権力に対するものであるからである。権力者はしばしば自らの絶対性を共同体に対して誇示するために、トリックスターをスケープゴート（いけにえ）として用いることがある。トリックスターは、排除すべき「影」として殺されるか追放される。そうすることによって、これまでの共同体は活力を維持してきたのである。もちろん、近代社会において、明示的にはそのようなことは起こり得ないといわれるかもしれない。しかし、ここで星氏に対して行われたことは、中世の「魔女狩り」と同様のロジックであると見ることができる。

一方で、トリックスターと権力者が相互補完的関係にあるのも事実である。すでに、紹介した宮廷道化師は、こうした権力者とトリックスターの制度化された関係を表現したものである。権力者がトリックスターを利用してみずからの権力の維持を図ると同じように、トリックスターが権力者を利用して、生存と繁栄を図ることもある。しかし、こうした形では、そこに新しい知の活力は生まれてこないだろう。

もうひとつ注目すべきなのが、共同体を構成する人々、すなわち当時の民衆の挙動である。星製薬は少なくともある時代、人々に歓迎され、成功したといえるだろう。しかしながら、そこで受け入れられたのは、あくまでも「くすり」という単品レベルのものであり、当時の既存の枠組みで理解可能なものに過ぎない。星製薬で行われたチェーンオペレーションというビジネスシステムや現在に通じる人材のマネジメントシステムが普及するのは、第二次世界大戦後、すなわち星氏の没後ということになるのである。言い換えれば、こうした新たな知を受け入れる土壌が、当時の日本社会の中にはまだ育っていなかったということができよう。時代が彼に追いつけなかったのである。

(2)「風雲児」から「カリスマ」へ

星一氏がはじめたチェーンオペレーションのシステムをもっとも有効な武器として時代の風雲児となったのが、スーパー業界であることはいうまでもないであろう。一九七〇年代、消費者という共同体の人々を味方につけ、メーカー中心であった既存の知識体系へ果敢な挑戦を行ってきた、このトリックスター的な業界はいま、転換期にある。業績不振、店舗閉鎖、倒産といった修辞符が目立つこの業界に何が起こっているのだろうか。

一九九九年一月二〇日、この流通業界の象徴ともいえるスーパー最大手のダイエーは同日付で中内功会長兼社長が代表権のある会長に専念するというトップ人事を発表した。創業四二年目で初のトップ交代である。この人事で、イトーヨーカドー、ジャスコなど大手スーパーの創業者社長はすべて社長職を退いたことになる。

一九五七年創業のダイエーで、中内会長は一貫してトップとして強烈なカリスマ性で、プロ野球球団のダイエーホークス、就職情報・出版のリクルートなどを含む約百八十社に達する総年商約五兆円の巨大企業グループと十万人の従業員の先頭に立ってきた。しかし、ここ数年は消費不振で業績が低迷し、現在では借入金や社債などの有利子負債もグループ全体で二兆四七〇〇億円（二〇〇〇年一〇月現在）に達している。そしてついに、二〇〇〇年の中間決算でダイエーは二八年間守ってきた小売業売上高日本一の座をコンビニエンスストアのセブンイレブン・ジャパンに譲ったのである。一つの時代が終わりを告げつつある。

中内功氏は、一九二二年、大阪生まれである。幼年期から青年期まで神戸市兵庫区で過ごした。神戸高等商業学校（現・神戸商科大学）を卒業後、従軍体験を経て家業の薬局経営に携わる。一九五七年、神戸市に「大栄薬品工業」（現ダイエー）を設立、以後、大阪・千林に「主婦の店ダイエー」第一号店を開き、薬品安売りから生鮮食料品の販売へと事業拡大していった。同社は、「よい品をどんどん安く」をモットーにして短期間のうちに大型店を全国展開した。年商一千億円を突破した一九七〇年に「ダイエー」と社名変更。一九七二年には東証一部に上場した。中内氏も経団連副会長や日本チェーンストア協会会長などを歴任した。

現在、ダイエーの、そして経済界の「カリスマ」として語られることの多い中内氏であるが[19]、流通業界の旗手としてこれまで氏が果たしてきた役割は、むしろ戦後日本経済を舞台としたトリックスター的行為として見たほうがわかりやすい。星一氏が明治から第二次世界大戦までを生きたトリックスターであるとすれば、中内氏は第二次世界大戦後の昭和を生き抜いてきたトリックスターであるといえよう。

中内氏率いるダイエーは、アメリカ式のスーパーマーケットのシステムを導入し、チェーンオペレーションによる大量仕入れ大量販売の原則を徹底することでバイイングパワーを勝ち取り、メーカー主導であった価格決定権を流通主導・消費者主導のものとしていった。価格割引の販売手法をめぐって松下電器産業に挑戦し勝利を得たのをはじめ、輸入規制の緩和がはじまると廉価なオレンジジュース、輸入ビールを他社に先駆けて販売するなど「価格破壊」を推進する姿は、まさに昭和という時代の風雲児であった。それからのダイエーは、忠実屋など同業他社の買収・合併を繰り返し、本業を拡大するだけでなく、リクルートやプロ野球の南海ホークス(当時)などを買収、福岡を球団の本拠地とし、ドーム球場とホテルを建設するなど、拡大路線を突き進んだ。また、経団連においては、中内氏は流通業界を代表して、当時会長であった新日鉄出身の稲山嘉寛氏に「流通業界は構造改革のなかで雇用の受け皿になっている。メーカーだけが産業ではない」とかみついたこともある。星一氏が星薬科大学を設立したのと同じように、中内氏は一九八八年神戸に流通科学大学を設立している。

小さな薬屋から始まった日本の流通機構への飽くことなき挑戦が、戦後の大衆消費文化の牽引役として、現在のわれわれの豊かさに貢献したことは間違いない。「流通革命」を旗印に掲げた中内ダイエーは、「みんなと同じものを安く買いたい」という高度経済成長下の消費者の心理を余すところなくつかみ、一大流通王国をつくりあげた。流通革命は確かに成功したのである。すでに述べたように、トリックスターは、しばしば「英雄」や「王」へと変化していく。戦後日本社会の消費者を共同体の人々だとすれば、トリックスター中内ダイエーは、こうした人々の熱烈な支持と共感を得て、革命を成し遂げ、新たな王権を築いたといっても過言ではない。

しかし、王権が確固たるものになるにつれて、トリックスターとしての特性は失われてくる。自らの持つ価値観への執着と自己目的化した王権拡大は、トリックスターの自在性や多義性とはまったく逆の性質を持つことになる。「王様」になってしまったトリックスターは、もはやトリックスターではない。文字どおり、「権力者」としての特質を持つことになる。

古代や中世のように、共同体の人々の多くが確立された単一の価値観を疑いなく受けいれ、境界の中での安定した生活が長く続くような世界であったら、トリックスターが革命を経て王となったところで、物語はハッピーエンドで終わったであろう。しかし、現代は、そしてこれからの時代はそうではない。共同体を構成する人々は多様な価値観を持ち、境界は融合してさまざまな知識や情報が錯綜する知識ネットワーク社会となる。消費者は「生活者」と名を変え、いまや「安くてよいもの」は世界中から手に入れることができるようになった。海外旅行や海外通販を容易にした交通輸送技術、そしてインターネットに集約される情報通信技術の急速な発達は、新たな革命を告げている。時代が追いつけなかったトリックスターが星一氏と星製薬であったとすれば、時代がいつのまにか追い越してしまったトリックスターが中内氏とダイエーであったということもできるだろう。

2　新たな革命と事件

(1)　IT革命と「モノづくり」

日本における「流通革命」を担ってきたダイエーが巨大化の一途をたどっていったのに対し、二一世紀へ向けての「IT(情報技術)革命」の中で「モノづくり」すなわち、製造業の既存の論理を大きく覆そうとしている小さなトリックスターがいる。

小ささと速さ（スピード）は、トリックスターの得意技である。従来の四分の一という常識を超えるスピードで携帯電話などの金型を生産し、脚光を浴びている社員数一四〇人あまりの小さな企業インクスは、IT革命時代のトリックスターである。

IT革命の時代はスピードの時代でもある。携帯電話のように数カ月で製品が入れ替わるような業界では、開発から量産化までの時間が勝敗を決める。インクスは、図面を全く使わない情報伝達システムによって金型の開発から製造までの期間を大幅に短縮した。いまや同社は、世界の携帯金型を一手に引き受けている小さなナンバーワン企業である。

一九九〇年七月に会社を設立した同社は、一九九八年末、国内企業では初めて、製品の設計に始まって試作、金型製造に至る全工程から図面をなくし、コンピュータによるデジタル処理を実現した。合成樹脂の光造形技術、設計における三次元CADの技術、コンピュータの情報通信技術という異質な知をつなぎ合わせることによって、インクスは新しい「革命」を成し遂げたのである。

インクスは、これを「知的産業革命」と呼ぶ。また、この知的産業革命によりもたらされる工業を情報工業と名付けている。情報工業とは、「意志の伝達をコンピュータとネットワークで行う産業」とインクスは定義している。ホームページにある「会社概要」の中で、同社社長の山田真次郎氏は、次のように述べている。

「この革命は、はた織機が自動織機に代わって機械化されたように、まず、既存の量産産業の情報工業化からはじまります。例えば現在の量産開発の工程は、「このようなモノを作りたい」という意志を二次元の図面によって、デザイン・設計・試作・金型工程へと順次伝達しています。私たちは、意志の伝達を三次元データにより作りたいモノの形状を定義し、それの付随する情報も含めてコンピュータとネットワークで各工程に瞬時に伝達するシステムを開発しています。まもなくコンピュータとネットワークによる意志伝達システムと、従来の道具機とが連動することで爆発的な生産能力を持った、全く新しい製造業が出現するでしょう。[20]」

インクス社長、山田真次郎氏は一九四九年生まれ。三井金属鉱業の出身である。同社で自動車部品の設計を担当していた氏は、一九八八年米国滞在中、デトロイトで自動車メーカーのビックスリーが新世代三次元CADと光造形技術を使うことによって、開発工程を劇的に短縮させていく状況を目の当たりにした。これが山田氏をインクス設立へと動かした原体験であったと表現してもよいだろう。

新世代三次元CADは、ボーイング777の開発以来本格化したもので、立体の内部構造をデータとして持つことができる。直観的にわかりやすい製品像（これを「ソリッドモデル」という）を画面で見ながら、基本となる立体を組み合せ、様々な変数を変化させることによって、製品をデータ上で作成することができるようになった。さらに、そこで作成したデータを光硬化樹脂に当てるレーザー光を制御するために用いることによって、光造形による試作が可能となるのである。

川崎市にある同社の設計部門、ソリッドリアリティーセンターでは、光硬化樹脂の液槽にレーザー光が照射され複雑な形状に固まることによって、試作品ができていく。試作品作成のための情報は、紙の設計図ではなく、東京・新宿のオペラシティタワーの設計センターから送られてくるデジタルデータである。試作工は一人もいない。何人かの茶髪の若者がコンピュータをのぞき込んでいるだけである。中小企業が集積する東京・大田区にある同社の工場にも、これまでの金型製作に不可欠だった油の染みついた加工機械は見当たらない。

一九八〇年代をピークとした、製造大国・日本の強みというのは、そのモノづくりのやり方、すなわち製品開発プロセスにあったといってもよい。その重要な特徴は、上流工程と下流工程、大企業と中小企業の間の絶妙な協働と役割分担である。大企業では、デザイン部門、設計部門、試作部門の調整が密接に行われ、エンジニアが作成した設計図を情報源に、中小企業の熟練した職人が豊富な経験を基に精密な試作・金型製作を行う。しかし、その工程は、必ずしも効率的なものではなかった。

その大きな原因の一つに、図面作成の問題がある。製品を設計してから試作品の金型を起こすためには、図面を作成しなければならない。デザイン部門が作成する意匠図面、設計部門が作成する製品設計図面、金型部門が作成する金型設計図面は、それぞれ独立のものとして存在し、完全な一致を保証するものではなかった。最終的には立体すなわち三次元をなす製品であるが、図面を作成する際は、それをあえて二次元に展開することになる。平面図に書かれた図面は、直感的に理解することが難しく、デザイナーや設計者の意図を十分反映できない場合も多い。一方で、図面どおりに作成した金型による試作品を動かしてみてはじめて、設計時には予測できなかった部品干渉などの問題が発見され、再設計を迫られる場合もしばしばある。こうした状況の調整のために費やすコミュニケーションや図面修正の時間も膨大であった。

これに対して、新世代三次元ＣＡＤで作成したモデルであれば、一意的なデジタルデータとなるので、図面のようにあいまいさがない。また、工程間のデータの受け渡しや、設計途中におけるコンピュータシミュレーションも容易である。インクスは、こうした一連のデータを結びつけることによって、図面を一切作らないペーパーレスの設計・製作環境を実現したのである。

しかし、もう一つ問題点がある。これまで、金型製作の最終段階は、細部の仕上げに熟練した職人たちの細かな技能を必要としていた。インクスでは、こうした職人たちの技能を科学的に分析することによって、「技能」

を普遍的で了解可能な「技術」として保存、継承していこうとしている。

インクスの社員数は一四〇人で、うち一一〇人は二〇歳代である。社員の平均年齢二四・五歳という数値は、熟練を要する職人の世界であった金型メーカーの業界では、極めて異常なことである。実際、現在、日本の金型職人の平均年齢は、五二・五歳である。したがって、インクスには、従来の意味での「職人」は一人もいない。

金型技術の熟練には通常何年もかかる。中小企業の熟練した職人芸が、日本の製造業の基盤を支えてきたといっても過言ではない。これに対して、インクスでは、作業工程をマニュアル化することによって、一カ月ほどの教育を受けたアルバイトでもコンピュータを操って仕事がこなせるようなしくみをつくったのである。

「判断させない、熟練させない」、「二、三年やってくれればいい」——現場の人材に対するこうした山田社長の言葉は、これまでの日本の大企業における終身雇用や長期的な人材育成という価値観とは、正面から対立するものである。インクスは技術面のトリックスターであるだけではなく、人材面のトリックスターでもあろうとしている。

われわれはしばしば、組織で働く人間にとって日常生活のすべてがその組織を中心に動いていると考えがちである。そこでは組織の論理が中心となり、家庭生活や余暇生活、地域での生活は周縁に追いやられてしまう。しかし、実はわれわれは、複数の多様な共同体に属しており、それぞれの場で生活を営んでいるのである。これを複属性という。(21) インクスの人材マネジメントは、社員の複属性を促進するものと考えられる。

仕事以外の場での自己実現、現在の組織だけでなく将来別の組織での活躍を求める若者は多い。「組織は組織、自分は自分」そうした超然とした態度で楽しく仕事をしていく彼らは、これまでの「ホワイトカラー」と「ブルーカラー」といった単純な人材二元論を超越した存在である。インクスは、自らを「工民《こうみん》（＝工業を生業とする民）」と呼ぶ。

インクスはＩＴとＭＴ（製造技術）を組み合わせることによって、わが国の「モノづくり」における知の転換に果敢に挑戦する工民集団である。世界の金型製造の約四五％というシェアを持つ日本が、この工民集団の手によってよみがえる日は近いかもしれない。一九九〇年代、政府や大企業がなしえなかったことをこの若い小さな企業がやり遂げるとすれば、それは新しいトリックスターの成功物語となるであろう。

（２）インタラクティブな世界をつくる

知識ネットワーク社会では、ひとり一人がパーソナルにネットワークのための道具を持つようになる。そのように考えたときに、注目されるのがパーソナルコミュニケーション端末としての携帯電話の今後の発展形態である。異なる世界間のメッセンジャーである神話や伝説のトリックスターたちがこの携帯電話を知ったら、どのように感じるだろうか。

インクスは、携帯電話用金型のナンバーワン企業であるが、その携帯電話に旋風を巻き起こしたｉモードサービスを検討してみる。ＮＴＴグループという日本の通信業における「王（権力者）」から生まれたこの新しいサービスは、どのようにしてトリックスターとしての役割を果たすに至ったのだろうか。

一九九九年二月二十二日、ＮＴＴドコモはインターネットに接続できる携帯電話サービス「ｉモード」を発表した。これまで、インターネットといえばネットワークにつながっているパーソナルコンピュータのあるデスクに座るか、モバイル端末を電話回線に接続して通信するという作業が必要であった。したがって、必ずしも「いつでも、どこでも（anytime, anywhere）」インターネットに接続できる環境があるというわけではなかった。すなわち、パソコンのある場所、回線のある場所にかなり限定されていたのである。

しかし、このｉモードサービスの出現は、ほとんど「いつでも、どこでも」インターネットができるような条件を可能にした。ｉモードは、携帯電話に専用ブラウザを搭載し、パソコンなどに接続しなくてもネットサーフィンやモバイルバンキング、インターネットメールなどを利用できるようになったのである。

初年度二、三百万台と予想されていたｉモードサービスは開始一年で五百万台を超え、現在も一日二万件の勢いで伸び続けている。たとえば、日本における携帯電話・ＰＨＳの累計加入台数は二〇〇〇年二月末には五五〇〇万台を突破し、ついに通常の設置型電話機の加入台数を上回った(22)。また一九九九年末における人口一〇〇人当たりの携帯電話普及率は四五パーセントと、米国の三一パーセントを大きく引き離している(23)。

ｉモードが従来型の情報端末のような登場の仕方だったら、このような状況は起こり得なかったかもしれない。ｉモードのコンセプトを企画し、使える形で実現させた立役者が、リクルートの就職情報誌「とらばーゆ」の編集長からスカウトされた松永真理氏だった。ここでは、彼女自身がまとめた『ｉモード事件』（二〇〇〇）をもとに、そのトリックスター性を探ってみる(24)。

松永真理氏は、一九五四年長崎県佐世保市生まれ。一九七六年、オイルショック後の就職難の時代に第二志望であったリクルートに入社。一九八六年には、当時赤字に苦しんでいた「就職ジャーナル」の立て直しに成功し、その実績を買われて一九八八年「とらばーゆ」の統括編集長に就任した。一九九七年になってＮＴＴドコモから「新しい情報配信事業のコンテンツを企画しないか」と誘われて転職を決意し、モバイルマルチメディア推進本部ゲートウエイビジネス部企画室長としてｉモードのコンテンツを開発することになる。

松永氏は、ＮＴＴドコモに移るとすぐに基本コンセプト作りに手をつけた。そのために必要な人材は、ＮＴＴ

ドコモとしては初めての社内公募で募集した。また、リクルート時代の人脈で社外の雑誌編集者、作家などに声をかけて自由に発言してもらうことによってコンセプトを明確にしていった。

こうした手法は、NTTグループのような大企業の従来のやり方から見れば、想像できないものだったかもしれない。大企業におけるこうした商品の開発は、内部の優秀な人材を組織の中で選抜し、プロジェクトとして詳細な市場分析を行い、それを報告書にまとめ、意思決定者に提出するというようなやり方が中心であったといえよう。しかし、このような内部志向のやり方では、知の均質性が高まってしまい、コンセプトの豊かさが失われる危険性があるのも事実である。

これに対して、松永氏は、それぞれの分野で活躍する時代に敏感な人々を集めることによって、異質な知を交流させ、iモードのコンセプトを練り上げていったのである。その意味で、彼女はまずNTTグループという組織におけるトリックスターであったということができるであろう。

さらに、NTTドコモでは、iモードのサービス開始と同時にコンテンツ仕様を公開した。この仕様は、現在ホームページ作成の基本言語として最も一般的なものであるHTMLに基づいているので、ホームページを簡単につくることができる。つまり、ユーザーが自分のサイトを持つことができるのである。

iモードの特徴は、第一にパーソナルであること、第二にインタラクティブであることといえる。上記のような個人サイトは言うまでもなく、パーソン・トゥ・パーソンのメールの交換、モバイルバンキングのようなカスタマイズされた情報、カーナビゲーションとの連動による個人の位置情報の確認など、iモードが提供するすべてのサービスの基底には、この二つの特徴がある。

iモードのロゴマークの「i」は、案内所やコンシェルジェにあるインフォメーションの頭文字をイメージしたものだということである。旅先で困った時にこうした案内所へ飛び込めば、誰でも必要な情報が手軽に得られる。かなり簡単になってきたとはいえ、パソコンによるインターネット接続のためには、さまざまな設定作業を要する。また、電話代やプロバイダとの接続料金の負担も考えなければならない。これに対してiモードサービスの利用は、携帯電話に装備される「i」マークのついたキーを押すだけでよい。料金体系は三百円の月額使用料と、接続時間ではなく、データ量によって課金するパケット通信料から構成される。たとえばモバイルバンキングの残高照会を利用した場合、約二十円から三十円となり、インターネットプロバイダに対してもかなり競争力のある数値となる。

iモードは、こうした条件を整えることで、誰でも気軽に自由にインターネットを利用することを可能にした。初期の研究者やエンジニアによる大学や研究機関でのインターネットの利用を「インターネット第一世代」、商用化による職場でのビジネスユースを「インターネット第二世代」、家庭への普及による主婦や学生の自宅利用を「インターネット第三世代」と定義すれば、誰もがいつでもどこでも利用できるiモードの登場は、「インターネット第四世代」の到来を告げるものといっても過言ではないだろう。

一方、松永氏はiモード開始一周年をすぎた二〇〇〇年三月三十一日付けでNTTドコモを退職し、女性向けネットサービスの「イー・ウーマン」のエディトリアルディレクターに就任し、二〇〇〇年九月に、女性専用のホームページ「eWoman」(25)を立ち上げた。新しい旅に出たNTTドコモと松永氏がそれぞれの分野でどのようなトリックスター的活躍をするのか、期待されるところである。

3　デジタルトリックスター

最後の事例として、二〇〇〇年現在、インターネットの世界でもっともトリックスター的な役割を果たしているあるソフトウエアとそれをめぐる人々を紹介する。「ナップスター（napster）」[26]と呼ばれるこのソフトウエアと同名の会社は、世界中の音楽関係者やネット関係者の熱い議論の的である。拍手喝采をするものもあれば、存在を否定しようとするものもいる。いずれにしても、ナップスターは、知識ネットワーク社会においては従来型のビジネスモデルがまったく機能しなくなる場合がありえることを物語っている[27]。

ナップスター社の本社はカリフォルニア州サンマテオにある。同社のホームページを見てみると、ヘッドホンをした小鬼がロゴマークであることがわかる。いかにもトリックスターらしい。ナップスターとは、ＭＰ３形式の音楽作品ファイルを検索し、ユーザー同士で交換できるようになるソフトウエアである。音楽ファンは、好きな曲やアーティストの名前を入力して、好きなバージョンをクリックすると、その曲を無料でダウンロードすることができる。

一九九九年に彗星のごとく現れたナップスターであるが、そのユーザーは、大学生を中心にあっというまに二千万人を超えた。ＭＰ３とは、簡単に音楽ファイルを圧縮・送信できるオーディオ・ファイルのフォーマットで、インターネットでは事実上の標準となっている。誰でも覚えがあるだろうが、これまで好きな音楽はカセットやＭＤに録音していた。しかし、ＭＰ３の出現によって、コンピュータ上でコピーが簡単にできるようになった。また、ネット上で友人同士でのファイル交換も可能になる。問題は、音楽がコピーやファイル交換されることによる著作権の問題と、そのファイル容量が極めて大きいことによるネットワークに対する負荷である。こうした状況から、アメリカの大学の三分の一は、二〇〇〇年の下期から、学生が学校のサーバを経由してナップスターを使ってファイルをダウンロードすることを禁止するとしている(28)。

ナップスターが大論争を巻き起こすきっかけとなったのは、全米レコード工業会（ＲＩＡＡ）との訴訟問題である。ＲＩＡＡは、音楽を無料交換できるナップスターが若者を中心に普及することで、音楽ビジネスが打撃を受け始めていると主張し、「このままでは半年間で三十億ドルの損害が生まれる」として、ナップスターに対して業務差し止め訴訟を起こした。二〇〇〇年七月末、連邦地裁が知的所有権を侵害しているとするＲＩＡＡの主張を認め、ナップスターにサービスの事実上の停止を求める仮決定を下したが、ナップスターはこれを不服として連邦高裁に仮決定延期の申し立てを行い、高裁がこれを認めたため、とりあえず業務停止は免れた(29)。

この訴訟を巡る議論は、真っ二つに分かれる。ナップスターを新しいデジタル時代の英雄と見るか、創作活動における著作権を侵害する悪者と見るか、いずれかである。たとえば、アーティストの主張も完全に二つに分かれる。ナップスターを支持するハードロックバンドの〝リンプ・ビズキット（Limp Bizkit）〟のボーカリスト、フレッド・ダーストは、ナップスターが多くの聴取者に音楽を宣伝し広めるための驚異的な方法であると主張している。リンプ・ビズキットは、ナップスター社と共同で無料の全米ツアーも実施している。ダーストは次のように語っている。

「今やインターネット時代だ。しかし、それと戦おうとする人たちがいる。そういう人は、レコード業界のある種の標準や慣例で生計を立てている人だろう。……恐怖や脅威を感じるのは、そういった人たちだけだ(30)」

しかし、同じアーティストでも、ナップスターに対して敵対的なグループもある。たとえば、ロックバンド、〝メタリカ（Metallica）〟は二〇〇〇年四月、ナップスター社が著作権侵害と不正な商売を行なっているとして訴訟を起こした。また、ラップミュージックのパイオニアである〝ドクター・ドレ（Dr. Dre）〟も同時期、ナップスター社に対し、同社のディレクトリから自分の音楽を削除するよう要求した。自分の著作権が侵害されているという理由である。

ナップスターが音楽ビジネスに与える影響についても、様々な調査が公表されているが、その内容も大きく分かれている。[31]二〇〇〇年五月に実施されたＲＩＡＡの委託調査では「高速ネットに接続できる大学近辺のＣＤ販売店では売り上げが下がっている」「米国では昨年、十代による音楽ソフト購入額が減っている」といった結果が出たとしている。一方、ＥＣ専門の調査会社、米ジュピター・コミュニケーションズがオンライン音楽利用者を対象に実施し、二〇〇〇年七月末に発表した調査によると、「ナップスターやその他のファイル交換ネットワークの利用者は、これらのサービスを利用しない人たちよりも音楽を購入する割合が高くなる傾向にある」という全く逆の結果が出ている。また、「三カ月で音楽に使う金額が二〇ドル未満」の人たちに対して、音楽サイトを利用するようになってから音楽購入に費やした金額の増減を聞いたところ、十八歳〜二十四歳の年齢層は、同じ水準の購入金額を維持しており、それ以外の年齢層では、むしろ消費額が増えたと回答した。同社ではネット利用で音楽が身近になることで、ＣＤなどの購入額も拡大する相乗効果が生まれているとしている。

こうした議論は、ナップスターがトリックスター的な両価性を備えていることを確認するものである。音楽ファンの多くは、ナップスターを大歓迎しているが、映画業界、放送業界を含め、周囲の関係者は、今後の音楽業界とナップスターとの関係の変化を注意深く見守っているという状況である。

ナップスターを作ったのは一九歳のショーン・ファニングという青年である。ナップスターの注目すべき点は、ファイル共有のアイデアにある。それは、簡単にいえば、ユーザ同士がＭＰ３ファイルを交換する際、お互い自分のマシンがファイルサーバになるということである。つまり、ユーザたちは、ナップスターのサーバ上にある検索・ダウンロードシステムを使って互いのコンピュータに直接接続し、ファイルを共有することができる。ナップスターのシステムは、あくまでもネット上のMP3ファイル検索を容易にすることを目的としているもので、ナップスター社のサーバーには音楽ファイルは1つもホストされていないという。

こうした形式は、〝ピア・トゥ・ピア（P2P）〟のファイル共有技術といわれ、ネットビジネスを根底からくつがえすものに発展する可能性がある。従来のファイルサーバによる共有では、どうしても一つのサーバが「中心」で負荷が集中してしまう。しかし、ナップスターの技術を用いれば、ネット上のユーザは互いのパソコンをファイルサーバとして利用することができる。

インテルのアーキテクチャ・グループ最高技術責任者（CTO）、パット・ゲルシンガーは、ナップスターによって広まったピア・トゥ・ピアの技術は、「コンピュータ利用における新たなフロンティアになると考えている」と述べ、これからのインターネットの新しい波となり、同時に何十億ドルものコスト削減を企業にもたらすだろうと予測している。(32)

ピア・トゥ・ピアのネットワークでは、個々のコンピュータ間でファイルのやりとりができるため、中央のネットワークを経由せずに、これらコンピューター間で処理タスクを行うことが可能となる。もちろん、中央のネットワークがこの処理に参加することもできる。いわば、脱中心、多中心の世界であり、「中心と周縁」は限りなく融合してしまう。

知識ネットワーク社会は、脱中心、多中心の社会であることはいうまでもない。そこでは、誰もが中心でもあり、周縁でもある。ナップスターがはじめたピア・トゥ・ピアのファイル共有技術とその考え方は、今後さらに広まっていくであろう。(33)そうなったとき、どのようなドラマが繰り広げられ、われわれはどのような物語を紡いでいくのであろうか。次節では、トリックスター物語の根底にある構造とシナリオを「知の転換」という視点から検討していく。

三　物語と劇場

1　登場人物

トリックスターが活躍する物語においては、王（権力者）、共同体の人々、そしてトリックスターという三者の関係を必ず見ることができる。ここでいう「王」および「共同体の人々」は、「トリックスター」と同様、極めて象徴的な概念である。

「王」は既存の知の体現者であり、権力者・支配者として共同体に君臨する。ビジネス組織でいえば、社長や会長など経営トップに相当する。特に、ワンマン社長やオーナー社長など、絶対的権力を誇る人物の例を考えるとわかりやすい。さらにいえば、既得権益を享受する業界リーダー企業や許認可の権限を持つ行政官庁などもこれに相当する。

「共同体の人々」とは、「王」の支配する民衆であり、既存の文化、価値観を受け入れ、それに従って生活している人々である。組織を「共同体」と見たとき、その構成メンバーである従業員や管理職は、「共同体の人々」ということになる。しかし、組織の「共同体の人々」は、内部の構成メンバーだけではない。われわれは、顧客をはじめとする外部のステークホルダーの存在を無視することはできない。

トリックスターに関する神話や民話においては、その物語の登場人物としての「共同体の人々」と、その物語の聞き手、あるいはトリックスター劇の観客という二重構造をなしている。物語は、物語単独では存在しえない。その物語を語り、読み、聞き、見て、解釈する人々が必要である。

こうした二重構造を理解することは、トリックスターの物語の本質を語るうえで非常に重要である。二重構造の外側にある「共同体の人々」が、時として聴衆あるいは観客の立場を超え、自らが舞台にのぼり、物語に登場する人物となる。[34]

知識ネットワーク社会が、観客や聴衆の物語への参加を容易にすることはいうまでもないだろう。一大ムーブメントとなったオープンソーシングによって作られたコンピュータOS「リナックス」は、その顕著な例である。リナックスは二十一歳の青年リヌス・トルバルスが開発し、公開したソースコードに、世界中のエンジニアが改良を加えたものである。これは「権力者」マイクロソフトが行っていた「伽藍型」の開発に対して、「バザール型」の開発と呼ばれる。[35]こうして開発・改良されたリナックスは、信頼性を重視するNASAや既存の大手企業のシステムにも取り入れられつつある。物語の展開を見守っていた観客が、ついに自ら物語に参加を決めたということである。

共同体の人々は、より積極的な意味で言えば自律的・能動的な「知の採択者」である。王（権力者）が維持し、正当化しようとする既存の知が維持されるか、トリックスターの異質な知が広まるかは、彼らがどのような選択を行うかに依存している。当然のことながら、共同体の人々は、自分たちにとってより魅力的な知を採択する。さらに、既存の知かトリックスターの知かという二者択一ではなく、その相互交流から創造される第三の知を求めるということもあろう。逆にいえば、そうした第三の知の創造のためには、共同体の人々が積極的に参加することが必須の条件となる。

2　三つのシナリオ

冒頭で述べたように、トリックスターは、様々な挑戦や冒険を経験することによって、「英雄」や「王」「賢人」へと変化していく場合がある。いわば、トリックスターの成長である。トリックスターの成長と共に、共同体も変わっていくし、王（権力者）も変わらざるをえない。われわれはしばしばトリックスター、共同体、権力者、中心と周縁、境界といった構造的な図式のみについ目が行きがちであるが、時間とプロセスの概念を無視することはできないのである。そうした意味でいえば、われわれが見てきたのは、トリックスターの成長劇であり、共同体における知の転換プロセスであり、パワーイノベーションのダイナミズムである。

トリックスターの活躍劇のシナリオは、大きく三つのパターンに分かれる。第一が、トリックスターの知が既存の知に利用され、既存の知が強化される「知の強化」のシナリオ、第二が、トリックスターの知が既存の知と置き換えられ、既存の知は捨てられる「知の置換」シナリオ、第三は、既存の知もトリックスターの知も特殊相対化され、二つの知を止揚した第三の知が創造される「知の止揚」シナリオである。

(1)　知の強化

第一は、トリックスターが活躍するが、最終的には既存の知に飲み込まれ、利用されたり排除されたりする場合である。すなわち、トリックスターの存在と活動によって、既存の知が強化、補完される「知の強化」のシナリオである。第一節で紹介したような宮廷道化や商人は、実は既存の支配体系を強化するための役割を担った存在であった。宮廷道化が笑いを交えながら民衆の言葉を伝え、商人が貢ぎ物とともに異国の文化を持ち込むなど、トリックスターは「外の世界」とのメッセンジャーとして、王（権力者）にうまく利用されるのである。

料金受取人払

新宿北局承認

3294

差出有効期限
平成14年4月
9日まで

有効期限が
切れましたら
切手をはって
お出し下さい

169-8790

165

東京都新宿区
西早稲田三―一六―二八

株式会社
新評論
読者アンケート係行

読者アンケートハガキ

お名前	SBC会員番号 L 番	年齢
ご住所 (〒) TEL		
ご職業(または学校・学年、できるだけくわしくお書き下さい) E-mail		
所属グループ・団体名 連絡先		
本書をお買い求めの書店名 市区 郡町 書店	■新刊案内のご希望 □ある □ない ■図書目録のご希望 □ある □ない	

●このたびは新評論の出版物をお買上げ頂き、ありがとうございました。今後の編集の参考にするために、以下の設問にお答えいただければ幸いです。ご協力を宜しくお願い致します。

本のタイトル

●この本を何でお知りになりましたか

1.新聞の広告で・新聞名（　　　　　　　）2.雑誌の広告で・雑誌名（　　　　　　）3.書店で実物を見て 4.人（　　　　　　）にすすめられて 5.雑誌、新聞の紹介記事で（その雑誌、新聞名　　　　　　　）6.単行本の折込みチラシ（近刊案内『新評論』で）7.その他（　　　　　　　）

●お買い求めの動機をお聞かせ下さい

1.著者に関心がある 2.作品のジャンルに興味がある 3.装丁が良かったので 4.タイトルが良かったので 5.その他（　　　　　　）

●この本をお読みになったご意見・ご感想、小社の出版物に対するご意見があればお聞かせ下さい（小社、PR誌「新評論」に掲載させて頂く場合もございます。予めご了承下さい）

●書店にはひと月にどのくらい行かれますか

（　　　）回くらい　　書店名（　　　　　　　）

●購入申込書（小社刊行物のご注文にご利用下さい。その際書店名を必ずご記入下さい）

書名　　　　冊　書名　　　　冊

●ご指定の書店名

書店名　　都道府県　　市区郡町

ここでは、トリックスターの成長もほとんどない。宮廷道化は一生そのまま宮廷道化であるし、隊商に生まれた子供は商人として死んでいく。あるいは、既存の知識体系の負の部分を一身に負う排除と追放の対象である「偽王《にせおう》」としてカーニバルに引き出されたあげく殺されるという極端な場合もあろう。現代ビジネスでいえば、ニッチ戦略に特化していてそれなりの評価を受けているが、結局はそうした戦略によってトップ企業のマーケットを補完し、安定させている企業などが例にあげられるであろう。また、第二節で紹介した星一氏の晩年は、戦時政権に対する偽王と位置づけることもできる。いずれにしても、トリックスターの持つ異質な知は、既存の知に吸収されてしまうのである。図表2―1はこうした「知の強化」のシナリオを表現したものである。

(2) 「知の置換」

第二は、トリックスターの持つ異質な知が共同体の人々に受け入れられ、王(権力者)が保持していた既存の知と入れ替わる場合である。すなわち、既存の知が単にトリックスターの持つ知に置き換わるという「知の置換」のシナリオである。「知の置換」のシナリオには、トリックスターが既存の知に不満や疑問を持つ共同体の人々の先頭に立って革命を起こす「革命型」、王(権力者)自ら自分の守ってきた既存の知の限界を認識してトリックスターに玉座をゆずる「禅譲型」の二つの方向がある。王(権力者)の権威に対する十分な疑義・不満が蓄積されていれば、共同体は新鮮な知識体系をもったトリックスターを歓迎し、既存の知識体系に挑戦する「英雄」に祭り上げるであろう。さらに共同体とトリックスターが手を組んで革命を起こすことによって、現在の王を追放し、トリックスターが新たな「王」となる場合が「革命型」である。一方、「禅譲型」は既存の知とトリックスターの知の間で権力の交換が行われ、共同体の人々も新しい「王」としてのトリックスターを抵抗なく受け入れる場合である。しかし、いずれの場合もトリックスターの知が既存の知と置き換えられ、既存の知は捨

図表２―１　知の強化

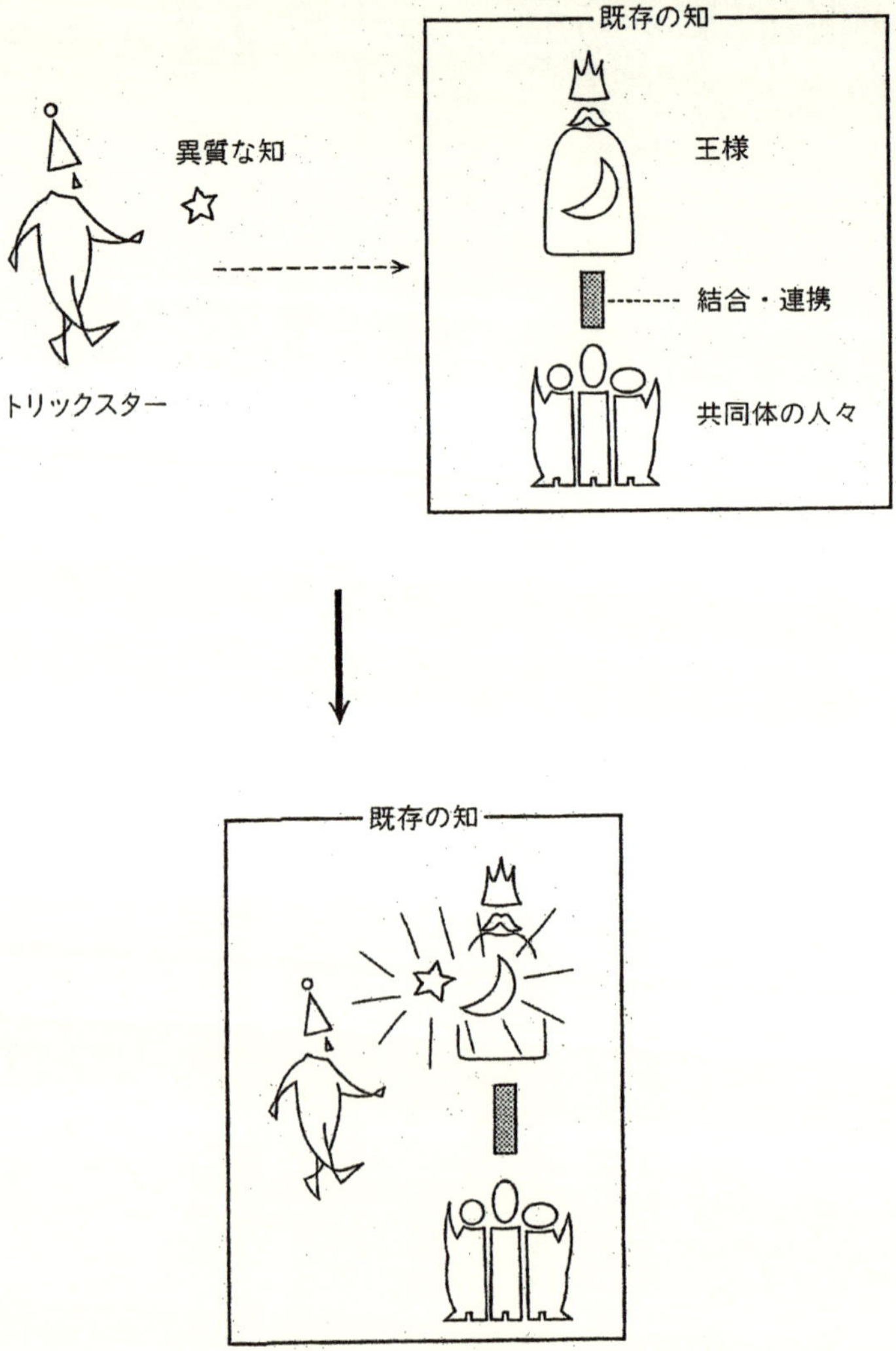

トリックスターの知は
既存の知に利用される。
既存の知は強化される。

出所）寺本義也、中西晶（1993）p.139を一部修正

図表２—２　知の置換

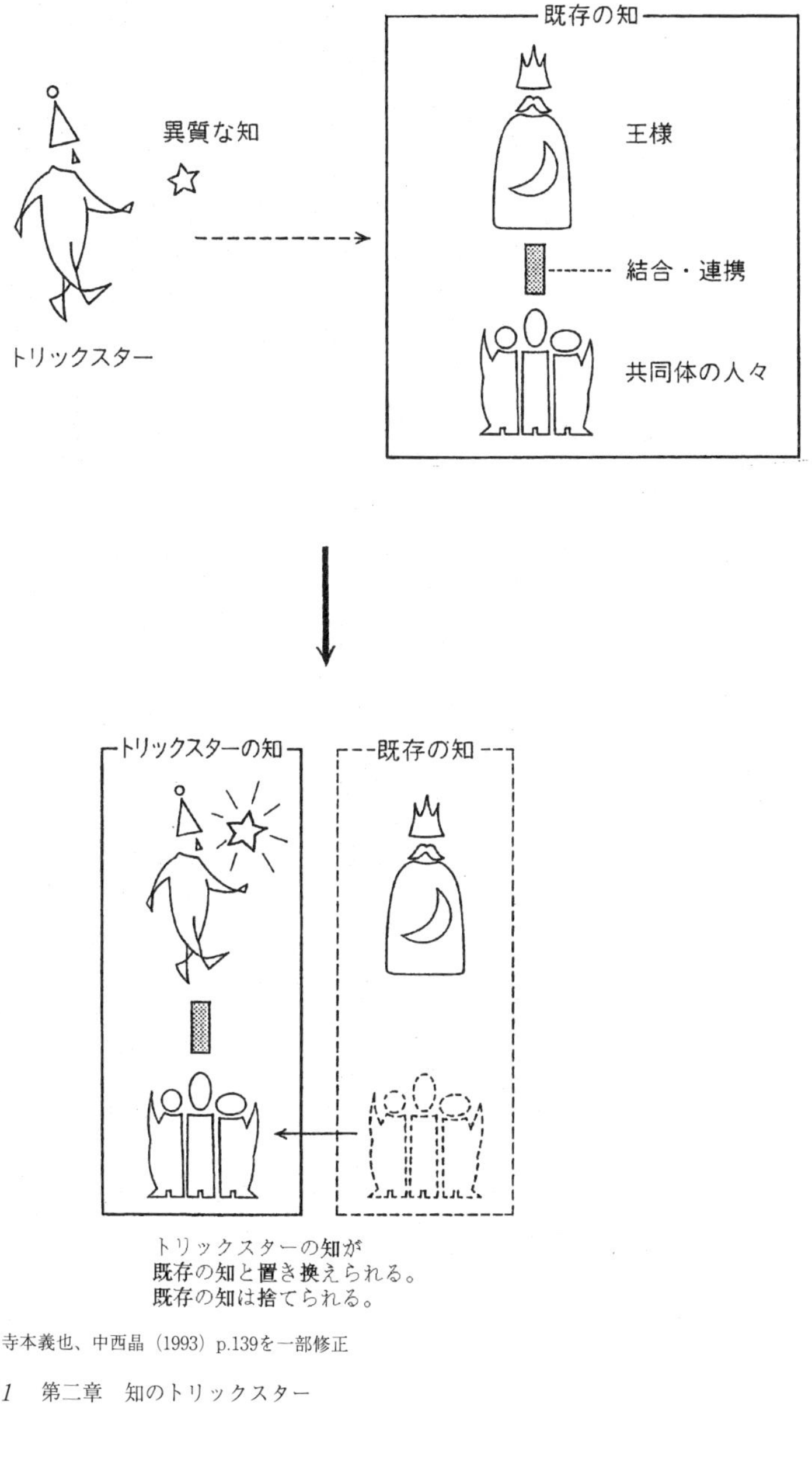

出所）寺本義也、中西晶（1993）p.139を一部修正

てられる。したがって、既存の知とトリックスターの知を超えた新たな第三の知が創造されているとは言いがたい。

「知の置換」のシナリオでは、トリックスターは物語の最後には「王」となる。しかし、トリックスターの持つ知そのものが大きくなったわけではない。むしろ、こうした結果によって、トリックスターは、トリックスターとしての役柄と性格を奪われ、王（権力者）として自己の知を保守する側に変わってしまう。第二節で紹介したように、現在のダイエーはまさにこうした危機にある。この「知の置換」シナリオを表したのが、図表2―2である。

(3) 知の止揚

これに対して、既存の知ともトリックスターの知とも異なる新しい知が創造される第三のシナリオがあるはずである。この第三のシナリオをわれわれは「知の止揚」と呼ぶ。そこには、既存の知を「正」、トリックスターの持つ知を「反」として、第三の知「合」が創造される弁証法的なプロセスがある。

トリックスターが異質な知を持つということは、多様な事象を少し距離をおいて見ることができるということである。トマス・クーンのパラダイム論にあるように、科学や思想の領域においても、その時代の社会関係から完全に自由ではありえない[36]。このように、社会に拘束された知識体系が複数あったとき、相互に距離を置いてみることができるようになることを、知識社会学者ノルベルト・エリアス（一九九一）は「距離化」と呼んだ[37]。現代のトリックスターたちは、このような「距離化」をうまく行い、既存の知にゆらぎを与え、変化を創造するきっかけをつくることができたのである。流通業界のトリックスターであった星製薬やダイエーは、日本の商慣行を距離化して見ることによって、新たなビジネスシステムの構築へとつなげていった。インクスでは金型の製

図表2—3　知の止揚

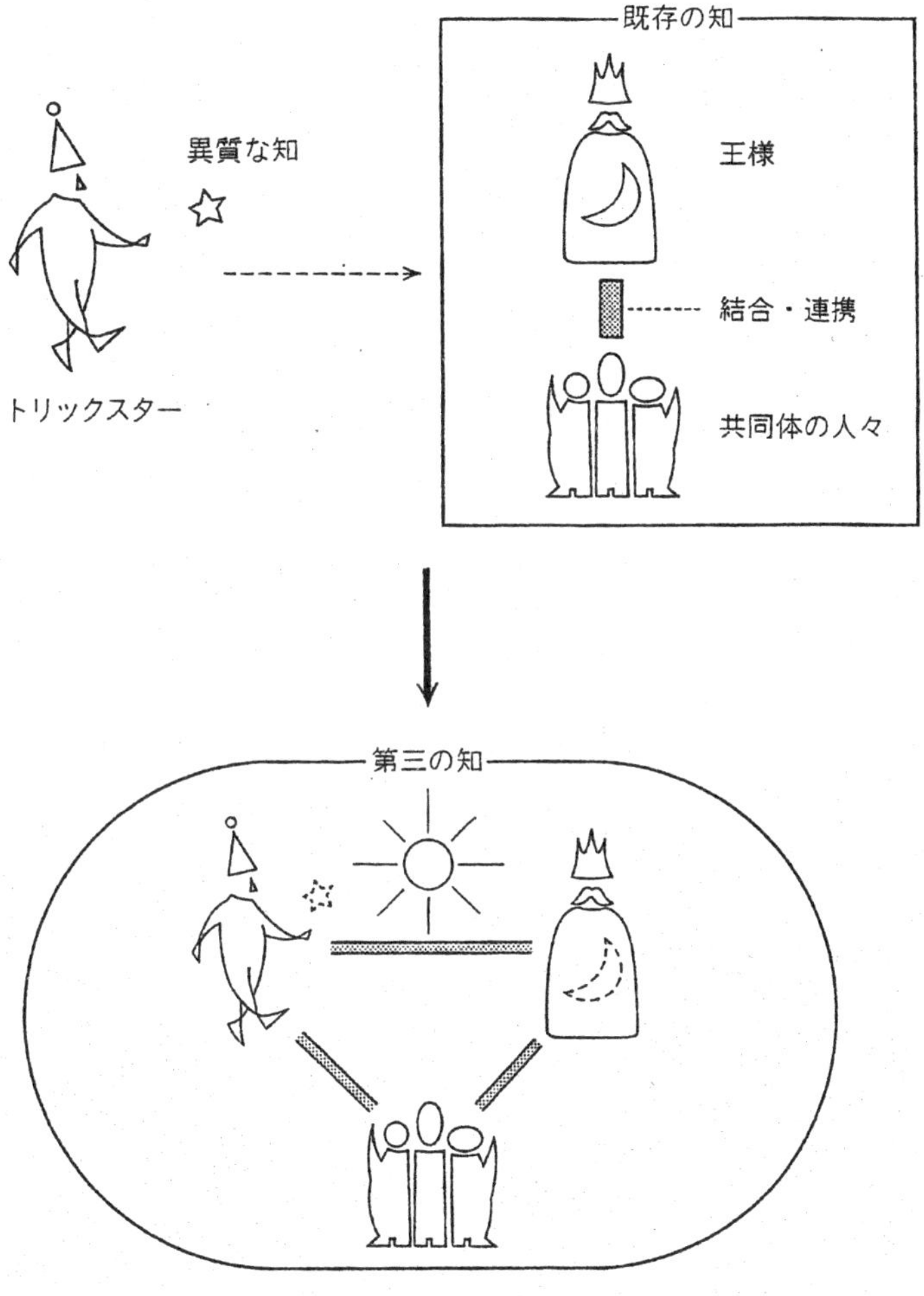

既存の知も、トリックスターの知も、特殊相対化
され、２つの知を止揚した第三の知が創造される。

出所）寺本義也、中西晶（1993）p.151

造技術を、ｉモードでは従来のインターネットと携帯電話を距離化してみることで、イノベーションを起こすことができたのである。

しかし、「知の止揚」のシナリオを進めるためには、さらに既存の知と自己の知の双方に「挑戦」することが重要である。会社組織を動かす場合は、トップとの「連携」や狭い意味での共同体の人々（組織メンバー）の「巻き込み」を通じて知の同期化を図ることが重要である。

そして、「知の止揚」を本当に成功させるためには、「観客の参加」によって世界そのものも変えていかなければならない。ｉモードやナップスターが短い間にこれだけ普及したのは、市場、すなわち観客の積極的参加があったからに他ならない。

この一連の「知の止揚」プロセスの中で、トリックスター自身が成長するだけでなく、トリックスターが属する組織は変革を遂げ、その組織が接する社会も新たなニーズを満たすことができる。自己変革、組織変革、社会変革、このすべてを巻き起こすことができてこそ、これからの時代のトリックスターであるといえる。したがって、この「知の止揚」のシナリオ劇を劇場プログラムのようにまとめると、以下のようになる。

トリックスター劇：「知の止揚」

登場人物

トリックスター

王（権力者）

共同体の人々

観客（「あなた」すなわち読者自身）

四　知識ネットワーク社会におけるトリックスターの条件

では、知識ネットワーク社会におけるトリックスターとは、どのような特徴を持つのだろうか。これまでの議論から、「知のトリックスター」にふさわしい条件を検討してみる。

1　主人公はだれか

（1）迅速性

「速さ（スピード）」は、神話の時代から受け継がれているトリックスターの本質的な特性である。ただし、雄大な時間の流れの中にあった神話の時代と、「ドックイヤー」と呼ばれる現代では、時間の枠組みが異なることは言うまでもない。

迅速は拙速を意味しない。しかし、速さを求める場合、しばしば未成熟さを伴う。未成熟さとは、開発可能性のことである。トリックスターは、王や共同体の人々など様々な登場人物との交流や観客の支援によって、成長していく。トリックスターが成長速度を高めるためには、知の転換劇を迅速に進めることが重要である。

(2) 柔軟性

知識ネットワーク社会におけるトリックスターは、また柔軟性に富んだ存在でなければならない。すなわち、距離化によって、物事を多様な視点から捉え、新たなビジネスチャンスを創り出す思考の柔軟性がなければならない。トリックスターから柔軟性を奪ってしまっては、もはやトリックスターたりえない。

こうした思考の柔軟性とともに行動の柔軟性も必要である。迅速かつ柔軟なトリックスターの行動は、王や共同体の人々、そして観客と創造的な相互作用を行う基盤である。こうした相互作用をもとにそれぞれが進化していく。つまり相互進化である。トリックスターは、共同体を変えるだけでなく、自己も変革する主体でなければならない。

(3) 脆弱性

トリックスターは、決して万能の存在ではない。むしろ、非常に弱く、脆い存在であるといったほうがよい。これは、資源としての知識、すなわち知識財の特徴と共通する。(38) すなわち、財を持つ主体も、その財も脆弱性を持っているのである。

しかし、弱さは賢さに通じる。トリックスターは、力ではなく、知恵と策略で既存の知に挑戦する。ネットワーク社会となった現在、大きいこと・強いことが必ずしも評価されるものではなくなった。むしろ、小さく弱いトリックスターにとっては、トリックの仕掛けどころともいえるかもしれない。

(4) 多義性

トリックスターは、基本的に多義性を持つ存在である。多義性には、二つの異なる意味がある。第一は、その主体が様々な側面を持ち、多面的に捉えられるということである。第二は、主体の同一側面であっても、それを見る相手によって、異なる見方ができるということであるのである。

第二の点の具体例としては、前述のナップスターの例があげられるであろう。知識ネットワーク社会におけるトリックスターは自らの多義性を十分認識し、積極的に活用しなければならない。それによって、トリックスターの周囲に重層的な知の相互交流が促進される。

2 トリックスターの活躍する場

最後に、知識ネットワーク社会において、トリックスターの活躍する場とはどのようなものになるのかを議論する。ここでいう「場」とは、「複数の行為主体が相互作用を行う時空間[26]」という意味である。すなわち、「場」の概念は、時間、空間、複数の主体、そして主体間の相互作用から構成される。トリックスター劇における主体とは、もちろんその登場人物であるトリックスター、王（権力者）、共同体の人々、そして忘れてはならないのが、劇を見ている観客である。これらの主体がどのような相互作用を行うかによって、知の転換劇のシナリオが変わってくるということは、すでに第三節で詳細に見てきた。

知識ネットワーク社会において、知の転換劇、特に「知の止揚」のシナリオが実践されるための場の条件としては、大きく三点ある。それは、第一に開放、すなわち開かれた境界を持つこと、第二に自由、すなわち各主体が自律性を持つこと、第三に対話、すなわち濃密なコミュニケーションがあること、である。

(1)　開放

知識ネットワーク社会においては、さまざまなところで既存の境界が融合しつつある。これからのトリックスターの役割は、単に「境界を飛び越える」というよりもむしろ、「境界を開放し、融合する」という、より積極的なものになるであろう。すなわち、トリックスターの活躍と境界の開放・融合は表裏一体のものである。場は開かれた境界を持つことによって、さまざまな主体の参入・退出を促進し、新たな知の創出を可能とする。また、そこで創られた知は、トリックスターによって他の場へと運び出され、さらに新しい知を創出するためのシーズとなるのである。

(2)　自由

トリックスターはトリックスターであるという以外、すべてにおいて自由《フリー》であることが求められる。同様に他の主体もそれぞれ自律的な存在でなければならない。知識ネットワーク社会は、こうした多様で自律的な行為主体が構成する社会である。

したがって、組織や社会においてトリックスターを活かす場には、各主体の自律性を前提とした自由度の高いしくみがなければならない。そこでの主体は、どのような知の転換を行ったか、あるいは行っているかという視点で評価される。そのためには具体的に社会や組織として知を基軸としたエイジフリー、ジェンダーフリー、バリアフリーな環境を整えることが重要になってくる。

(3)　対話

トリックスターが活躍する場の第三の条件として、対話の促進がある。どれだけ境界が開放され、自由が奨励されても、主体間の対話がなければ劇ははじまらない。第二節のインターネットや携帯電話の事例を紹介するまでもなく、知識ネットワーク社会は、対話のための多様なメディアにあふれた時代であることは確実である。しかし、問題はメディアそのものではなく、そこで交換される内容（コンテンツ）、そして、より重要なのは、その対話を可能とする文脈（コンテクスト）である。こうした文脈をうまく創造していく場をつくることができるかどうかが、知識ネットワーク社会の面白さを決めていくのである。

（中西　晶）

注

（1）ポール・ラディン、C・G・ユング、カール・ケレーニィ『トリックスター』皆川宗一訳　晶文社　一九七四年。

（2）ヘルメスは牛を後ろ向きに歩かせて連れていったのである。こうするとあとから見る者は混乱する。さらに、その牛の内蔵で最初の竪琴を作り、残りは焼却したとも言われている。

（3）山口昌男『道化の民俗学』新潮社　一九七五年a。

（4）河合隼雄『夢と昔話の深層心理』小学館　一九八二年。

（5）小川了『トリックスター』海鳴社　一九八五年。

（6）こうしたさまざまなトリックスター像については、以下で議論している。寺本義也・中西晶『知の転換者たち―ビジネストリックスター』NTT出版　一九九三年。

（7）ラディン、ユング、ケレーニィ　前掲書。

（8）M・ケッツ・ド・ブリース『会社の中の権力者、道化師、詐欺師　リーダーシップの精神分析』金井壽宏訳　創元社　一九九八年。

（9）山口昌男『文化と両義性』岩波書店　一九七五年b　七三頁。

（10）山口（一九七五b）、前掲書、七六頁。

(11) 山口（一九七五b）、前掲書、八一頁。
(12) 河合隼雄『影の現象学』 講談社学術文庫 一九八七年 二三〇頁。
(13) 星新一『人民は弱し官吏は強し』 鶴見俊輔解説 新潮文庫 一九七八年。
(14) 星薬科大学のホームページより（http://www.hoshi.ac.jp/home/annai/hajime.html 二〇〇〇年八月二五日アクセス）。
(15) 当時の憲政会・加藤高明内閣の政敵であった後藤新平との親交があったことによる。
(16) 戦後、この業績不振の星製薬の再建を請け負ったのが、ホテルニューオータニの創業者、大谷米太郎氏であった。
(17) 鶴見（一九七八）、前掲書、二六五頁。
(18) 鶴見（一九七八）、前掲書、二六五〜二六六頁。
(19) たとえば以下を参照。佐野眞一『カリスマ』 日経BP出版センター 一九九八年。
(20) 株式会社インクス『会社概要』 "A World from the President"、http://www.incs.co.jp/overview/overview.html、二〇〇〇年八月二五日アクセス。
(21) 複属性については、以下を参照。寺本義也・中西晶『知識社会構築と人材革新：主体形成』 日科技連出版社 二〇〇〇年 五三〜五七頁。
(22) 産経新聞 二〇〇〇年四月六日 夕刊による。
(23) ITU（International Telecommunication Union）の調査による。
(24) 松永真理『iモード事件』 角川書店 二〇〇〇年。
(25) URLは、http://www.ewoman.co.jp/
(26) URLは、http://www.napster.com.
(27) ナップスターのビジネスモデルについての議論は、以下を参照。木村誠『顧客間ピアツーピア通信メソッドプロバイダーによる情報交換共有Napster, Gunutella』 経営情報学会二〇〇〇年秋季研究発表大会予稿集 一〇八〜一一一頁 二〇〇〇年。
(28) CNNニュース「米大学でナップスター禁止広まる、訴訟を懸念か」http://www.cnn.co.jp/2000/BUSINESS/08/31/

napster/index.html、二〇〇〇年八月三十一日アクセス。

(29) 二〇〇〇年八月三十一日現在。

(30) WIRED NEWS、「反逆ロッカー『リンプ・ビズキット』がナップスターを支援」、http://www.hotwired.co.jp/news/news/culture/story/20000426204.html、二〇〇〇年八月三十一日アクセス。

(31) NIKKEI NET ITニュース「特集　米ナップスター、利用急増で波紋」http://it.nikkei.co.jp/it/sp5/ 二〇〇〇年八月九日アクセス。

(32) CNET JAPAN：TECH News：「インテル幹部：『ナップスター型の共有技術がビジネスを変える』」、http://japan.cnet.com/News/2000/Item/000825-5.html、二〇〇〇年八月二十五日アクセス。

(33) ナップスターよりさらに強力といわれるファイル共有ソフトとしてGnutella（「グニュテラ」と呼ぶ）がある。日本におけるURLは、http://japan.gnutellaworld.net/。

(34) こうしたことは、子供に対して昔話や民話を語るときの状況を想定するとよい。優れた語り手は、しばしば聞き手である子供を語りのなかに登場させたり、聞き手とのインタラクティブな対話をしたりするなかで物語を進めていく。

(35) エリック・スティーブン・レイモンド『伽藍とバザール・オープンソース・ソフトLinuxマニフェスト』山形浩生訳・解説　光芒社　一九九九年。レイモンドは、オープンソースの理論的リーダーでもある。ただし、オープンソースという考え方は、マイクロソフトの登場以前はむしろエンジニアたちにとって当然のことであった。

(36) トマス・クーン『科学革命の構造』中山茂訳　みすず書房　一九七一年

(37) ノルベルト・エリアス『参加と距離化：知識社会学論考』波田節夫・道籏泰三訳　法政大学出版局　一九九一年。

(38) 寺本義也・原田保編著『パワーイノベーション』新評論　一九九九年　六八～六九頁。

(39) 寺本・中西（二〇〇〇）、前掲書、二三四頁

第三章　知のアントレプレナー

一　流通する言説としてのアントレプレナー

1　アントレプレナー論に欠けているもの

"Entrepreneur"という言葉は、使用される頻度の割にその語用は混乱している。日本語の訳をとってみても、「起業家」や「企業家」、もしくは「アントレプレナー」というように様々であり、しかも用いる人間によって定義はさらに多岐にわたっている。昨今のベンチャー・ブームによって、最近は起業という意味を含んで用いられることが多いものの、大企業のマネジャーを指して用いられることもあるなど、一つの用語とは考えがたいほど語用は一定していない。

しかしながら"Entrepreneur"には、重要な可能性が秘められている。それは、社会に対し働きかけを行ない、それまでに存在しなかった新たな何かを構築するもの、という意味が込められているからである。J・A・シュムペーター（J. A. Schumpeter）によって「創造的破壊」を行なうものとされているこの意味は、現段階において明確な定義までには昇華されてはいない。こうした限界は複数の論者によって指摘され、克服する試みもなされてはいるが、新たな定義が十分な社会的合意を得て、流通しているとは言い難い。ここに新たな定義を明確化する必要性が存在するのである。ところで、この限界を克服する試みとは、「知識」の構成者としてのアントレプレナーの解釈に他ならない。

シュムペーターの議論において取り扱われているイノベーションとは技術の革新を念頭においたものであり、しかも彼の言う技術とは市場とは無関係な外生的な存在とされていた。しかしながら、こうした技術優位のイノベーション観は、技術を外生的なものとして捉えてしまっている。[1] しかしながら、技術イノベーションは需要による要請を受けてなされることが非常に多いものである。つまり現実社会における技術イノベーションは、需要に応じる技術を開発する形で行なわれるということである。ここにおいて重要となるのが、需要、すなわち市場の要求をいかに見きわめ、それをイノベーションによって提供するかという過程である。すなわち、イノベーションとは技術的ブレークスルーを含んでいるにしても、その本質は需要を読み取りそれを具現化する知識にあるということなのである。野中郁次郎と竹内弘高はこうした活動を知識創造活動と名付け、その本質は「暗黙知を動員して形式知に転換すること」であると述べている。[2] ここでいう暗黙知とは主観的で経験的なものであり、形式知とは暗黙知を組織立てて客観的で理性的なものに変換したものである。[3] さらに暗黙知を形式知に変換するということは、既存の形式知を再構成する、という事をも意味している。すなわちイノベーションとは形式知という知識の体系を作りかえる作業として認識することができるのである。技術の革新を外生的に捉えたシュムペーターも、イノベーションをそれまでの生産体制の再構築としての「創造的破壊」、つまりは形式知の再構成として認識していたと考えられるのである。

本稿では、アントレプレナーを知識の構成者として捉えたうえで、アントレプレナー活動の機能的解釈と現実における言説のずれについて議論を展開していく。現在のアントレプレナー活動の類型化を行なうにあたって、

図3—1

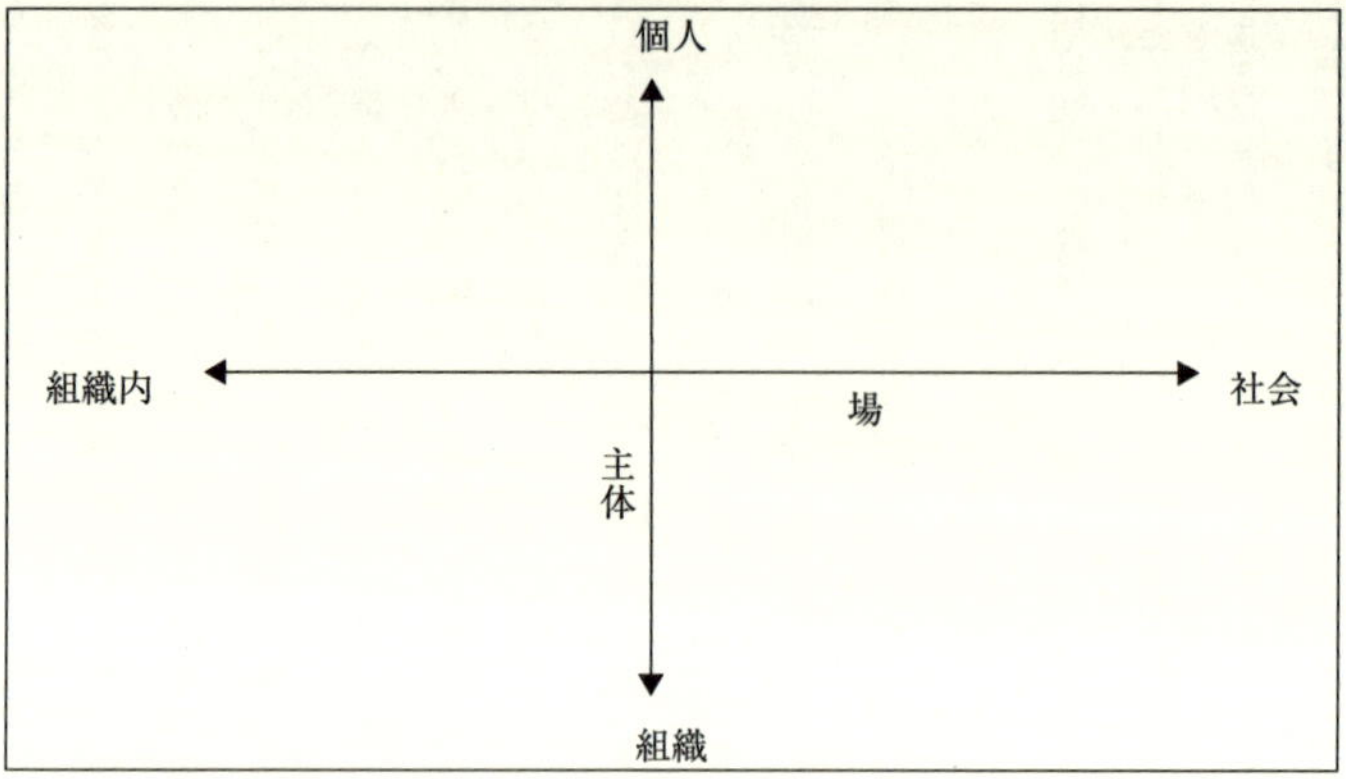

「主体」と「場」という二つの概念軸を使用して検討をくわえる。（図3—1）

「主体」とはアントレプレナー活動を行なう単位を指しており、個人と組織が対立軸として存在する。一方、「場」とはアントレプレナー活動が行なわれる場所のことであり、社会と組織内が対立軸となる。この二つの軸を用いることにより、様々な類型は、この二軸からなるマトリックスのいずれかの位置に定置することが出来るのである。なお、本稿では“Entrepreneur”の訳語として「アントレプレナー」を、そして“Entrepreneurship”の訳語として「アントレプレナー活動」を用いることとする。

2　日本における「起業家」論

アントレプレナーという用語は、近年において日本でも盛んに使用されるようになってきている。たいていの場合、それは「起業家」という訳語を持って用いられており、特にベンチャー企業を立ち上げる者を指す場合が多い。そしてまた、「起業家」は原則として個人を単位としたものとされている。

例えば東京途中小機企業振興公社によると、アントレプレナーとは

「創造的な能力を有する技術者・企業内実務者・学生等（複数でもよい）で、新たに企業を創出しようとする方々」と定義されており、公社の創業支援機能整備事業の中に括られている。(4) また、リクルートの発行するその名も『アントレ』という雑誌は、開業に関する資金援助者の仲介やビジネスパートナーの募集、フランチャイズの募集情報など、一般の個人の企業支援を目的とした幅広い情報が掲載されている。(5) この雑誌に見られる特徴としては、「起業」という言葉の他に「独立」という用語が多く用いられていることであり、ここにおける起業とは、企業従業員など組織に帰属していた人間が独立して個人事業者となることを念頭においていることが明らかである。これらの例においては、アントレプレナー（起業家）とは個人事業者を目指すものを指していると言えるのである。

もちろん、こうした独立開業という形式での起業はアントレプレナーという用語が用いられる以前から、日本では行なわれていたものである。(6) 一方、これまでの独立開業にはないアントレプレナーによる起業の特徴は、次のような点が挙げられる。まずアントレプレナーによる起業とは、多くの場合ＩＴ関連産業におけるものを指していることである。日本のベンチャー起業を支援する立場の人々がそのモデルとして描いているのは、アメリカのシリコンバレーのような情報通信分野における活発な起業が行なわれる状況であるということである。ネットワークとアントレプレナーが重ねて論じられるのは、ネットワークという形態が起業にとって重要なファクターであると同時に、インターネットをはじめとするＩＴ関連産業が、起業のための肥沃な大地と目されているからにほかならない。

アントレプレナーという用語の使用におけるもう一つの特徴は、アントレプレナーが日本経済の苦境を打破する切り札として期待されているということである。ＩＴ革命が進行している今日においてベンチャーこそが既存の大企業に代わって不況の日本経済の新たな牽引役に立つと期待され、少ない起業数が後進性の象徴としてアメリカのそれと比較されている。こうした情況の中で、日本政府もおもに中小企業政策の新たな方向性としてアントレプレナーの育成を位置づけている。中小企業庁は白書で、アメリカのベンチャー育成のシステムを手本とすることを明記し、また「これからはアントレプレナーシップを発揮する個々の企業の自助努力に対して支援を行なうもの」という中小企業政策研究会の最終報告書を発表するなど、起業家の機能を重視している。さらに民間においてもベンチャー支援の研究会や組織が相次いで発足されるなど、ベンチャー及びその実行者たるアントレプレナーを盛り立てようとする動きは官民を問わず盛んである。(7)

以上見てきたように、アントレプレナーという用語は、今日の日本においては、多くの場合もっぱら個人による起業家を指し、その役割が日本経済の牽引役として非常に大きな期待をされているものである、と定義することが可能である。しかしながら、こうした定義は決して固定的なものでも、逆に目新しいものでもない。アントレプレナーという用語には、その登場以来、時代及び社会的背景に応じて様々な定義付けがなされてきた。その中でも現在日本で流通している言説としての「アントレプレナー」は、個人をその対象としている点で、むしろ古典的なタイプに分類される。例えば、十八世紀にアダム・スミスが近代経済学を確立した当時、彼が観察できた企業とは個人を主体としたごく小規模なのものが殆どであった。大規模組織としての企業が確立するのは十九世紀以降まで待たねばならないのである。(8)今日の日本におけるアントレプレナーの語用は、大規模企業ではなく個人主体の存在を示しているのであり、複数ある定義の中で先祖がえりしていると考えることが出来るのである。

3 アメリカにおける「アントレプレナー」論

当然のことではあるが、英語圏においてアントレプレナーの訳語は存在しない。日本におけるアントレプレナーの定義が歴史的に様々であったのは、その訳語が複数存在する（起業家、企業家、アントレプレナー、etc.）であった可能性があるのに対して、アメリカではその語用は揺らいだことはないのではないかと思いがちである。しかしながら、アメリカにおいても、その定義は決して一定してはいない。その中においても、アメリカにおいては伝統的に個人の活動に縛られない伝統がある。

P・F・ドラッカー（P. F. Drucker）は、アントレプレナーシップの原理原則は「既存の大企業であろうと、個人が独力で始めたベンチャービジネスであろうと、まったく同じである」と述べ、しかもベンチャービジネスも「経営管理を行なうことを学ばなければならない」[9]とするなど、起業家としての役割のみを重視してはいない。ベンチャーによる起業のモデルとまでなっているシリコンバレーにおいても、起業は決して個人で行なわれるものではなく、シリコンバレーという地域において培われた技術的集積をもとにコミュニティとしての発展を目指している。対照的に、同様な技術的集積を持つボストン近郊の国道一二八号線（Route 128）沿いの地域は、そうしたコミュニティという意識が希薄であったために、シリコンバレーのような成功を収めることが出来なかった、という指摘がなされている。[10] シリコンバレーでは、地域の比較優位を目的としたTQC（Total Quality Community）の実現が掲げられていた。TQCでは経済と地域が二大構成要素であり、シビック・アントレプレナーが媒介となって両者の間に相互作用を引き起こすものとされていた。[11] つまり、シリコンバレーにおいては、地域をいわば一つの組織として、その発展を目指していたと捉えることが出来るのである。

このように、アメリカにおけるアントレプレナーという用語は、個人で起業をする人という狭い範囲を指すものではなく、組織の充足や地域の発展にまで及ぶような幅広い用語として認識されているということが明らかである。すなわち、個人と企業、経済またはそれ以外、さらに組織の大小に関わらず何らかのイノベーション（新機軸）を行なう存在がアントレプレナーであるとされてきたのである。そうした中でも注目されているのが、シリコンバレー・モデルで重要な役割を果たしているシビック・アントレプレナーであろう。シビック・アントレプレナーは地域の経済セクターと非経済セクターの媒介となり、その地域の発展に重要な役割を演じる。そしてそれは多くの場合、チームで行動するものとされているのである。[12]

こうしたアメリカのアントレプレナーを語る時に注意しなければならないのは、過熱していたベンチャー・バブルである。ドットコム（.com）バブルとも呼ばれたこの現象は、一九九八年後半頃から見られるようになった。このブームの特徴は、起業者が継続的な企業経営を目指すのではなく、立ち上げた企業を売却することによって利益を得ようとするところにあった。こうした現象の背景にはベンチャー企業への株式市場の過大な期待感と、それからもたらされる現実をはるかに超えた企業評価が存在した。株式の投資価値を測定する指標である「一株あたり利益」（ＥＰＳ）は、情報産業が圧倒的に高い値をつけており、およそ三十倍程度というものが多い。[13]例えばアメリカのインターネット・ベンチャー企業として著名なアマゾンドットコム社は、黒字を達成したことが無いにもかかわらず、株価は高い値を維持していた。これは株式市場の期待感からもたらされるものであり、アマゾンドットコム社に限らず、大小を問わずベンチャー企業全般に対して見られるものであった。こうした状況の中で起業を目指すものは、自ら起こすビジネスの実現可能性を追求するのではなく、市場の期待感に沿った経営企画書を作成することに終始してしまう。また起業の目的も永続的な企業組織の運営（going concern）ではなく、評価額の最も高い時点で企業を売却することとなり、健全な産業の育成という点からはかけ離れたものとなってしまっていた。

こうしたベンチャー・バブルがアメリカで発生した背景として、アメリカ型のアントレプレナー支援体制を指摘することが出来るであろう。アメリカにおいては、エンジェル、マーチャントバンキング、ベンチャーキャピタル、インキュベーターといった起業を支援する様々な社会制度が確立している。しかしながら、こうした仕組みは社会のベンチャーへの期待の現れであり、こうした制度と期待が結びついた時、バブルが起こってしまったのである。

以上のことから、アメリカのアントレプレナーという用語を取り巻く状況をまとめてみると、次のように述べることが出来る。アメリカではアントレプレナーとは社会において個人・組織を問わず何らかのイノベーションを実行しようとするもののことを示す伝統があった。しかしながら最近のベンチャー・バブルによってこうした多様性に対し、創業者利益を得ることのみに徹する起業が活発となり、アントレプレナーの多様な定義が失われつつある。

4　アントレプレナーシップの現在

これまで見てきたように、アントレプレナーシップの現在的言説は日本・アメリカを問わず、時代拘束的であった。日本においては、個人による企業にアントレプレナー活動の焦点を当てており、一方アメリカにおいては、イノベーションを遂行するものという概念にしたがった幅広い議論の展開があった。起業に関する活動はイノベーションの遂行であることに間違いはない。むしろ一から全てを作り上げる起業に関わる活動は、殆ど全てがアントレプレナー活動であるといっても差し支えないであろう。しかしながらアントレプレナー活動は、起業活動がその全てではない。例えばG・ピンチョー（G. Pinchot III）は、大企業の組織内においてプロジェクト方式でイノベーションを遂行する、社内企業家（Intrapreneur）という概念を提唱している[14]。彼はベンチャー・ビジネスではなく社内企業活動が好ましい理由として、①既存の人間関係を維持できる、②会社のブランド力が使用できる、③全財産を失う危険を回避できる、などを挙げ、むしろ企業内組織においての方がアントレプレナー活動に条件が良い、とまで述べている。起業はアントレプレナー活動の一形態に過ぎないのである。

逆に、日本においてアントレプレナー活動として認識されてこなかった企業内における様々な改良の積み重ねも、アントレプレナー活動であると捉える必要がある。清成忠男は企業家活動を、新たな技術を用いた確信を行うシュムペーター型のブレークスルー型と、既存技術等の改良によるカーズナー型の差別化競争型とに分類し、このどちらもがアントレプレナー活動であると認めている[15]。このように、アントレプレナー活動は、その具体的な形態にとらわれない、いわば機能として認識する必要があるのである。

二　アントレプレナーの歴史的変遷

1　前近代における「冒険者」

近代以前において、アントレプレナーという語は、どのように人間を指して用いられていたのであろうか。中世ヨーロッパにおけるアントレプレナーの姿が端的に描かれているのが、シェークスピアによる『ベニスの商人』である。アントーニオは遠隔地貿易を行なう商人であり、そして彼の敵役であるのが高利貸しのユダヤ人・シャイロックである。アントーニオはシャイロックに借金を申し込むが、アントーニオの船は行方不明になり、アントーニオは借金の証文とおり一ポンドの人肉を取られそうになる危機に陥ってしまう。ここで注目すべきなのは、商人は必ずしも資金を用意する必要はなく、かわりに資本家（この場合はシャイロック）がそれを用立てる場合があったということ、そしてこの商人と資本家の関係において、実際の危険を負うのは商人の側であり、資本家はたいした危険を負担することが無かった、という点である。

こうした状況は、R・ルーバー（R. de Roover）の研究によるとさらに商人にとってシビアのものであったことが分かる。[16]彼によれば、十一世紀から十四世紀までのジェノバ及びベニスでの遠隔地某貿易は、トラクター（Tractor）もしくはプロセタン（Prosetan）と呼ばれる遠隔地へ出かけるパートナーと、スタン（stan）と呼ばれる資金面でのパートナーが組んで行なわれたが、その際、実際に出かけるパートナーには利益の四分の一を受け取る契約（コメンダ；Commenda）と、資金の三分の一を拠出する代わりに利益の半分を得ることが出来る契約（ソシエタス；Societas）があったという。すなわち、当面の契約は自身の生命を危険にさらすアントレプレナーの側に厳しく、自らの金銭を危険にさらす資本家が大部分の利益を得ることが出来たのである。

一方、遠隔地貿易に携わる以外のアントレプレナーとして、R・F・ヘバートとA・N・リンク（R. F. Hebert & A. N. Link）は「徴税請負人」の例を取り上げている。[17]徴税請負人とは、古代ギリシアの時代から見られる制度で、徴税の独占的権利を得たものの事をいう。つまり徴税請負人は、一定の資金を投じて徴税権を手に入れ、それをもとに徴税を行ない、徴税権と実際得た税金との差額を自身の利益として得るのである。

このように、近代以前の西洋社会においてアントレプレナーとは、肉体的・金銭的危険に身を晒し、しかも自らの行動によってその危険を乗り越え、利益を得ようとする者のことを指したのである。こうした行動が成立する要件としては、

① アントレプレナーに対して平等な機会を求める、自由で開かれた経済

② 合法的に確立した財産の所有権の保証

③ ①、②を確立する制度的慣行の安定性

が指摘できよう。すなわち、アントレプレナーの活動の条件は、近代以前も近代においても、何ら変わるところはないのである。

2 近代における「危険負担者」

近代においてもアントレプレナーの定義は、危険を負担する存在という認識から出発している。近代経済学において、はじめて企業者という名称を用いたのはR・カンティロン（R. Cantillon）である。[18] カンティロンは、まず社会を地主とそれ以外の階級に分類した上で、地主以外の階級をさらに二つのタイプに分類している。すなわち、「一定の給与の所得者」と、「一定していない給与の所得者」であるところのアントレプレナーである。所得が一定しない人間がアントレプレナーであることの理由として、流通業者（商人）に代表されるように、企業者は予測できない消費量に対して商売を行なわねばならないことを指摘している。カンティロンは具体的なアントレプレナーとして、「羊毛や穀物の商人であり、パン屋であり、肉屋であり、製造業者であり、そしてあらゆる種類の商人」を挙げている。こうした不確かな生計の人々は、自ら資本を持っていようと自分自身の労働によるだけのものであろうと等しくアントレプレナーであり、「乞食も盗賊も」アントレプレナーとされるのである。

このようにカンティロンは不確かな収入という危険に対する人間をアントレプレナーと呼び、危険負担者とし

ての性質をアントレプレナーに見出している。そして、こうした「危険負担者」というアントレプレナーに対する一つの認識は、その後のナイトへと受け継がれていく。

「危険」という曖昧な言葉に対し、明確な定義を与えたのがF・H・ナイト（F. H. Knight）である。[19] ナイトは、危険を「危険」「不確実性」の二つに分類できるとした。前者の「危険」は測定できるものであるのに対し、後者の「不確実性」とは測定不可能なものであって、人知ではどうしようもない種類のものであるとする。「危険」を負担することによってもたらされるのは利子であり、そして「不確実性」を負担することが、アントレプレナーの利潤のもとであるとした。「危険」は数値化して測ることが出来るの類のものであり、例えば火災保険を設定し販売する保険会社などは「危険」を負担して商売を行なっているのということができよう。それに対し、新製品を開発して販売する企業にとっては、その商品がどの程度売れるのか数値化することは困難であり、「不確実性」を担うことで商売を行なっていると考えることが出来る。

しかしながら、ナイトの「不確実性論」はやや精緻さに欠けている。ナイトは確率の分類として、数学上の定理に拠ることが出来る「先見的確率」、過去の先見的判断に基づいてなされる「統計的確率」、そして判断上の何らの基礎も無い「推定」の三分類をあげ、そのうち前者二つが「危険」であり、後者一つが「不確実性」であるとしている。だが、先の新製品を開発・販売する企業の例で見れば、何の先例を持たないところで新製品を開発するのは非常に非現実的である。そして一方、保険会社のように一見数値化されたデータに則っているように見える商売においても、予測し得ない大火災に直面して大損害をこうむる「不確実性」から逃れられない。例えば保険業においても、ロイズ保険会社のネーム（name）のように、計測が出来ないリスクを引き受ける存在が必要とされている。

したがって、これまで取り上げてきた「危険負担者」論からは、以下のような議論を抽出するのが有益であろう。すなわち、

① アントレプレナーは資本の有無に関わらず、危険を負担する存在であると認識される

② アントレプレナーの果たす役割は、機能として認識すべきである

の二つである。

まず、①についてはこれ以上の説明を行なうまでも無く、歴史的にみてきたアントレプレナーの存在からも明らかである。すなわち資本家とは異なり、資金の有無に関わらず不確実性に立ち向かうことがアントレプレナーの機能なのである。それは資本を持つものが、資本を持つものがいかにその資本を守ろうとするかという消極的な危険負担ではなく、利潤を生み出そうという積極的な危険負担である。

②については、若干の補足が必要である。アントレプレナーとは、歴史的文脈において個人という人格を単位とした存在であった。しかし、ナイトの分類でも明らかなように、例えば保険会社による保険の引き受けは、「先見的確率」ないし「統計的確率」によってなされるが、しかしながらこうした確率としての計測は、しばしば見積もりを誤ることがある。すなわち、「危険」とされるような事柄の中においても「不確実性」は入り込んでいる。一方、新製品を開発・販売する企業にとっても、全く蓄積のない分野での新製品開発を行なうことは稀であり、これまでの商売の延長線上に新製品が位置付けられることが大部分である。その際、これまでの社内における「先見的確率」や「統計的確率」が用いられないことは考え難く、ここでは何らかの形で「不確実性」を「危険」へと置き換えようとする作業がなされていると考えられる。このように現実においては、一連の行動において「危険」と「不確実性」は混在していることが殆どであり、アントレプレナーの特徴としての危険負担は、

機能として捉えるべきであると思われるのである。

3 「創造的破壊者」としてのアントレプレナー像

「危険負担者」論が基本的に歴史的なアントレプレナーの姿から抽出されたのに対し、シュムペーターはその機能を歴史におけるアントレプレナーではなく、経済活動の二側面という点から捉えようとした[20]。

経済活動の二側面とは、「静態的経済」と「動態的経済」のことである。「静態的経済」とは近代経済学の用語で言うところの「均衡状態」を示しており、それまでのシュムペーター以前の経済学者の殆どは、この「静態的経済」の理論化、及びその緻密化のみに血道を上げてきていた。一般均衡理論で有名なワルラスに代表されるような、需要と供給が一致するメカニズムを明らかにしようとする研究は、シュムペーターにとっても否定する対象ではない。彼はワルラスの理論を次のように捉えている。「ワルラスに対しては、われわれは、経済体系の概念と、我々の科学の歴史においてはじめて経済諸量間の相互依存の純粋理論を有効に包含する理論的装置を負うている。」

しかしながらシュムペーターは、こうした「静態的経済」を認めた上で、それだけでは進歩という概念を経済学に取りこむことが出来ないことを明らかにする。ワルラスの理論体系は静学的性質をもつばかりではなく、実際の経済においても、静態的過程のみにしか対応できないものだからである。シュムペーターは、ワルラスが「地理的及び社会的環境」や「与えられた技術的知識」、「先行経済期間から引き継いだ材のストック」などを与件としているという。「静態的経済」の一面性を指摘した上で、動態としての経済認識の必要性を明らかにしている。すなわち「経済が自分自身の中から生み出す経済生活の循環の変化のこと」である。このような「静態的経済」に変化をもたらす過程をシュムペーターは「発展」と定義し、この発展の本質とは「新結合の遂行」であるとする。

シュムペーターはモノの生産を、「われわれの使用しうるいろいろな物や力を結合すること」と捉えた上で、新結合とはこうした結合の方法に変更を加えることであると認識した。さらに、この新結合はその形態として、非連続的なものであるという。すなわち小規模な小売店から大規模な、例えば百貨店が形成される変化は連続的であるのに対し、「駅馬車から汽車への変化」は非連続的であるとする。すなわち、これまでの慣行の軌道を破壊し、新たな軌道に移行させる機能こそが新結合であるとするのである。

このような「新結合の遂行」の担い手こそが、アントレプレナーである。そしてこうした新結合を遂行するものであれば、通例上の「企業家」と異なる立場の人間であったとしても構わないのである。シュムペーターは、アントレプレナーとは「単に交換経済の『独立の』経済主体をさすばかりではなく、この概念を構成する機能を果たしている全ての人を指す」のであり、「特殊な社会現象として存在するような特定の歴史的時代における企業者のみを問題とするのではなく、この概念と名称をその機能に結びつけ」て捉えるものである、と述べている。以上のように、シュムペーターはアントレプレナーを機能として捉えており、具体的経済主体としての「企業家」のみを指してはいない(21)。

さらに、シュムペーターのアントレプレナー概念において、もう一点重要なのが、アントレプレナーと資本家との区別である。シュムペーターのアントレプレナー概念は、通例上の「企業者」とは異なるものであったが、このアントレプレナーの報酬は利潤であり、資本によってもたらされる利子とは区別されるものであるとする。シュムペーターの認識で興味深いのは、資本家が金銭的な危険を負担するのに対し、アントレプレナーは失うものがなく、したがって危険を負担することはないとする点である。シュムペーターは、アントレプレナーと資本家の区別については近代以前からのアントレプレナー像に拠っているように見えるのだが、生命の危険が（比較的）なくなった近代以降のアントレプレナー活動においては、もはや危険は存在しないとするのである。

これまで見てきたように、シュムペーターのアントレプレナーに対する認識は、

①　アントレプレナーの果たす役割を、経済学体系の中で明らかにした

②　アントレプレナーの果たす役割を、機能として分析した

という功績をあげることが出来るであろう。

①についてであるが、それまで単なる冒険者として扱われていたアントレプレナーを経済主体という存在ではなく、機能として認識することによって、近代経済学が捉えることの出来なかった「発展」という要素を明らかにし、その担い手としてアントレプレナーを描くことに成功している。その機能は、既存の結合を破壊し、新たなる結合をもたらすという点において非連続的な行為であり、まさに「創造的破壊」とされるものである。しかしながら、この非連続性を追及するあまりに、シュムペーターは連続的行為である資本家による利子の獲得との区別を明確にするためか、アントレプレナーの機能の中から危険負担の概念を除外してしまっている。

②についてであるが、シュムペーターは、アントレプレナーの果たす役割を個人が担うものとして認識していたが、そもそも静態的経済、動態的経済という分類は実際の経済活動においては明確に区分されているものではなく、この分類自体が一つのモデルとしての区分である。そのように考えるならば、アントレプレナーの果たす役割も、個人という主体が完全に担う、ということが重要なのではなく、あくまでも機能として捉えることに主眼をおいた解釈をするべきであろう。

4　シュムペーターと対峙するアントレプレナー論

シュムペーターの「創造的破壊者」としてのアントレプレナー論に対して、それと対照的なものもいくつか著されている。典型的なものは、I・M・カーズナー（I. M. Kirzner）の「企業者」論[22]、そしてA・マーシャル（A. Marshall）の「商人」論である[23]。

カーズナーは、アントレプレナーの機能について、それまで社会に存在し得なかったような新結合を「発明」するのではなく、潜在的に存在する供給と需要の機会を「発見」し、それを具現化するものであるとする。すなわち、市場は基本として「無知」によって支配されており、シュムペーターの捉えた静的均衡状態ではなく、不均衡状態におかれている。そしてその不均衡状態を他の人間よりも早く発見し、それを実現するという、機敏性がアントレプレナーの重要な資質とされるのである。

一方、マーシャルはアントレプレナーを直接論じているわけではないが、彼の「商人」論にはアントレプレナーとして捉えられるべき性質が見うけられる。マーシャルは商人の役割として、仲介者としての機能を重視している。仲介者とは、「未だ他者において発見されずにいる効用を見つけ、その効用を生産するために要素を組織するもの」であり、言いかえるならば、具体的な効用の生産を行なう「肉体労働者と消費者との間に介在する仲介人」ということになる。この効用を見つける作業は、例えば大工によっても見られることであるという。大工は木材という効用の低いものを建築物という効用の高いものへと変化させるのであり、その点において効用の高い場所へ商品を移動させることによって利潤を得る「商人」と何ら変わるところはないのである。

このようなマーシャルの「商人」に求められるものは、一つはカーズナーと同様に、あらかじめ存在しうる効用を満たすための知識、そしてもう一つは、生産の要素を組織するための指導者としての知識である。その上でマーシャルは、こうした能力を持つことは大変むずかしく、またその必要とされる能力が多岐にわたるために、個人としてこうした能力を完備した人間は少ないことを明らかにしている。したがって、こうした個人の能力の限界を補うために、「合資会社と株式会社、協同組合と公社などが、事業の経営形態としてたえまなく比重を高めてきた」とするのである。すなわち、アントレプレナーの機能は、個人としてではなく、組織として発揮されるのである。

もう一つ、マーシャルの「商人」論において重要なのは、危険負担に関する議論である。シュムペーターが危険負担をアントレプレナーの機能から除外したのに対し、マーシャルは、次の二点から「商人」においても危険負担を免れることは出来ないとする。まず第一点は、資本とは流動的な資本のみでなく、資本財ストックとして固定的に存在しうることである。これは生産のためには、その要素を固定化する必要があることを意味している。どのような形態の企業、もしくは個人であれ、生産のためには資本の固定化が必要となる。そしてこの固定化された資本は、自己資本の場合は、自らのものとして残存してしまうのである。二点目は、この固定化された資本が借入であった場合、自己の資本が失われる恐れはないものの、ビジネスの世界で「破産者」というレッテルを貼られることになってしまうことである。このように、直接的な金銭的危険に限定されない「危険」が存在することをマーシャルは指摘している。そして、こうした「危険」を軽減することが、企業をはじめとする組織が形成され複雑に発展していったことの理由の一つであるとするのである。

以上のように、カーズナーとマーシャルは共にシュムペーターの創造的破壊者としてのアントレプレナーに対し、あらかじめ存在するものの明らかにされていない供給と需要の機会を見つけ出し仲介者になるという、機会の発見者としてのアントレプレナーを提示している。彼らのアントレプレナーに関する議論の特徴は、以下のようにまとめることが出来るであろう。

① 市場の不均衡を議論の出発点にし、その不均衡の解消役をアントレプレナーに見出した

さらに付け加えて、マーシャルは

② アントレプレナーの機能を個人のみではなく、組織として認識した

③ 金銭的な意味だけではない、社会的評判という広義の「危険」負担をアントレプレナーに見出していることを明らかにしている。

①についてであるが、カーズナー・マーシャルの不均衡に対する議論は、シュムペーターとは対照的である。シュムペーターは、技術的な発明を経済の外生的な存在として捉え、それが経済に影響を及ぼすという技術優位型の視点に対し、カーズナー・マーシャルは市場における字知識の絶対的不足を議論の出発点にしており、市場の不均衡状態を発見することをアントレプレナーの役割として捉えている。すなわち、市場優位主義の発想であるといえる。しかしながら、現実の企業における新製品開発などをみてみると、技術の開発と市場の動向はどちらも欠くことの出来ない重要な両輪である。したがって、アントレプレナー活動をとらえる場合において、均衡の破壊者か均衡の発見者かという選択ではなく、どちらをも含むと捉える視点が必要とされるのである。

②アントレプレナーの機能に関する議論においては、他の経済学者があくまでも個人としてのアントレプレナーに固執し、アントレプレナーの活動を機能として認識している場合においても、個人で完結されるものを指しているのに対し、マーシャルは個人としてのアントレプレナー活動の困難さを指摘し、その解決過程における組織の生成・発展を指摘している。ここにおいて、アントレプレナーに関する議論は、現代の大規模化された企

業組織においても、適応可能な理論となることができるのである。

③の危険負担については、ここで補足をしておく必要がある。マーシャルの述べるところの危険とは、近代以前の生命の危険、そして近代以降における金銭を失う危険にたいして、自身の評判を危険に晒すという、いわば社会的な危険であり、それまでの危険の概念とはいささか異なっている。こうした社会的危険という概念に関しては、それがアントレプレナー活動の性質を捉える上で非常に重要なポイントであるということが指摘できる。なぜならば、アントレプレナー活動の目的が営利の追及のみであれば、金銭的危険以外の危険は存在しないが、その目的が社会的な要素を持つならば、自らの評判という社会的危険は十分に意味のある危険となるからである。そして、アントレプレナー活動の目的は今日において、単なる営利追及から自己実現として認識されるようになってきているのである。すなわち、社会的危険が論じられる基盤が成立してきているのである。

4　アントレプレナー活動の機能的定義

これまで経済学説史におけるアントレプレナー活動を取り上げてきたが、それぞれの議論から抽出すべきものとして、機能としての定義の必要性、そして危険負担に関する議論があげられる。

はじめに機能としての定義の必要性であるが、そもそもアントレプレナーを論じる際には二つのアプローチが考えられる。一つは抽象的理論化のアプローチであり、もう一つは具体的企業者の研究をとした実物的描写のアプローチである。この二つのアプローチは完全に区別できるものではなく、相互補完的にアントレプレナー活動を捉える上において、双方とも重要な役割を果たしている。そうした中において、マーシャルの商人論では、二つのアプローチを結びつける有効な議論がなされている。すなわち、個人の限界を超える必要から組織の重要性を指摘している点である。[24] この組織という視点によって、彼のアントレプレナー活動の定義は単なる大企業に適応可能な理論となるばかりではなく、組織を単位としたアントレプレナー活動にまで言及することが可能となっている。つまり、他の論者が指摘し得なかった組織としてのイノベーションを捉えることが出来るのである。さらに組織におけるイノベーションを捉えることによって、抽象的な機能としてのアントレプレナー活動の定義を明らかにすることも可能となる。すなわち、アントレプレナー活動とはイノベーション、すなわちそれまで存在しなかった新秩序を創造することであり、この主体は個人でも組織全体としてもありうるものである。

次に危険に関する定義である。そもそもアントレプレナー活動の危険は、近代以降は財産を失う危険について限定されて論じられてきた。そして金銭を失う危険は資本家が担うことによって、アントレプレナーは危険負担から逃れられるというのが、シュムペーターをはじめとする近代のアントレプレナー論者のほぼ共通した認識であった。しかしながら、こうした危険回避論にはいくつかの批判が寄せられている。一つは、S・M・カンバー(S. M. Kambur)に見られるような機会費用の概念を取り入れたものである。[25] これは、定まった収入の仕事に就いていれば得られるかもしれない収入を、アントレプレナーは棒に振っていることを指摘するものであり、したがってそうした確かな収入を得る機会を失う危険性があるという消極的なものである。しかしながら、この機会費用としての危険負担論の議論は、いささか苦しいものがある。なぜならば機会費用が確実に得られるかどうかは分からないのであって、危険の度合いは異なるにせよ、得られるかもしれない機会費用に対して、アントレプレナーが相対的に危険を負担しているとは断言できないからである。[26]

そうしたカンバーの危険負担論であるが、彼は同時に金銭以外の危険、「自らの評判を危険にさらすことがあることを明らかにしている。これは、機会費用の理論と同様に、安定的な職業に就いている場合に落とさないで済んだ自らの評判を、アントレプレナーは落とすかもしれない危険を負っているということである。これは単にビジネスにおいて成功するかしないかということにとどまらず、その役割の本質的機能にまで関連している。なぜならば、すでに述べたようにアントレプレナーの機能とは新たな秩序を形成することであって、そしてその秩序が実際に形成されるかどうかは、アントレプレナー自身のみによって決定されるものではないからである。

アントレプレナー活動の成否は、社会（もしくは市場）において彼の提示した新しい秩序が受け入れられるかどうかによって決定されるのであり、この意味において、アントレプレナーは社会的な危険を負っているということが出来るのである。

三　現代におけるアントレプレナー活動の類型

1　アントレプレナー活動の発現形による類型化

前節ではアントレプレナー活動の二つのアプローチのうち、抽象的理論化に焦点を当てて議論を展開した。本節では実物的描写によって描かれるアントレプレナー活動（すなわち言説）を類型化し、それぞれにおいて検討を加えていくこととする。(27)

まずアントレプレナーのタイプで大別されるのが、英雄型とネットワーク型である。英雄型アントレプレナーとは個人でアントレプレナーの機能を完結する存在のことであり、それに対し、チームによって機能を果たすアントレプレナー活動をネットワーク型として定義できる。英雄型はカンティロン、シュムペーターなどが捉えたアントレプレナーの概念と重なるものである。個人の社会的立場は問わないものの、そのアントレプレナーとしての機能はあくまで個人で完結されるものである。一方、ネットワーク型はマーシャルが示唆したタイプのものであり、組織としてのアントレプレナー活動の発現のことである。前節で見てきたように、これまでの研究においては、アントレプレナー活動を英雄型のものとして解釈するものが大部分であった。しかしながら現実においては、組織を単位としてアントレプレナー活動を行なう事例を数多く見ることが出来る。そしてまた、アントレプレナー活動を知識の編集という観点から捉えるならば、アントレプレナー活動はむしろ個人では完結せずに、複数の人間による作業を通じて行なわれることの方がむしろ多いと考えられる。すなわち実物的描写においても、実際の機能との間にずれは生じているのである。

2　英雄型アントレプレナー

ここでは、英雄型アントレプレナーを議論の変化に沿って類型化を行なっていく。その議論とは、(1) 起業者型、(2) シンボリックマネジャー型、(3) コーディネーター型である。

起業者型とは、文字通り自らが業を起こすことであり、今日の日本におけるアントレプレナーの議論とリンクするものである。これはアントレプレナーに関する議題の中で最も基本的な形態である。

シンボリックマネジャー型とは、大規模化した組織において、個人によるイノベーションを目指すのではなく、組織自体がイノベーションを引き起こすよう、組織の方向付けを行なう点に焦点を当てたアントレプレナー像である。そこでの役割は、イノベーションの担い手でも、組織の管理者でもなく、組織の方向性を決定付けるような文化を生み出す役割を担うのである。

そして最後のコーディネーター型とは、組織の内外に関わらず、必要に応じて要素を結びつけ、イノベーションを行なうタイプのものである。すなわち、必要に応じて自ら組織を作り出す存在である。

（1） 起業者型アントレプレナー

① 経緯

このタイプは、アントレプレナーの諸タイプの中で、最もプリミティブな形式と考えることが出来る。なぜならば一八世紀におけるビジネスの様式が、このタイプに関する議論の背景にあると考えることが出来るからである。アダム・スミスが近代経済学をはじめて定式化した当時、市場は無数の個人企業による取引で成立していた。『国富論』においてはピン工場の例以外には大規模な企業組織は登場せず、肉屋やパン屋といった個人商店が彼の理論を説明するのに用いられていた。そしてピン工場の例も、一人でピンを作るのに対し、十人で分業することによって生産の効率が向上する、というごく小規模な組織についてのものであった。こうした時代においてアントレプレナーの活動とは、何らかの商売を起こして新たに市場に参入することを意味していた。実際、イギリスの一八世紀とは、基本的には農業社会であり、その中で土地の囲い込みや初期産業革命によって、小規模な生産体が続々と登場するという、産業の勃興期であった(28)。このような時代のアントレプレナー活動とは、自ら商いを起こすことにほかならなかったのである。

こうした形態は、当時独立をめぐる混乱状態にあったアメリカにもそのまま当てはまる。新天地においては、何事を行なうにしても起業者としてのアントレプレナー活動が要求されたのであり、これがアメリカにおける、アントレプレナー＝起業家という図式の原型となるのである。アメリカにおいては、今日においても様々な人間による活発な起業がこの国の経済を活性化させていると内外から指摘され、またそれ以上にアメリカ人自身がそうしたビジネスのスタイルを経済の発展を支える重要な要素と捉える共通の認識を持っている。例えばそれは、

「アメリカン・ドリーム」をめぐる言説において顕著に見られる。「自ら事業を起こし成功させる能力は、人間が個人として自らを高める重要な道である」という見方を支持するアメリカ国民は、八十五%にものぼるという。(29)すなわち、アメリカにおいては、起業がきわめて肯定的なものとして捉えられているのである。

アントレプレナー＝起業家という図式、そしてそれが経済の繁栄をもたらすという認識は、経済学者によって明らかにされているアントレプレナーの機能を具現化した一つの形式でもあるため、非常に根強いものがある。そして現在、このタイプの言説が日本にも幅広く流入しているのである。

② 例

起業者型アントレプレナーに関する言説は、今日の日本において幅広く見ることが可能である。例えば福島正伸は、起業家とはあえて何も無い立場からスタートさせるものであるとする。その時に起業家の持つ経営資源は自分自身以外の何物でもない、と述べている。(30)ここでは起業家とは、現在の社会的評価や地位、収入をはじめ、彼が所有している全てのものを投げ出さなくてはならない。このように起業家型に見られる特徴は、完全に個人という時点から議論をしていることであり、組織に対するアンチテーゼとして個人の起業家をおく点である。すなわち、組織には限界があり、それを打ち破るのは個人の創造力である、というものである。福島ほどではないにしろ、清成忠男も「誕生権経済」という概念を用いて、新たに生まれる企業による革新の重要性を指摘している。(31)

③ このタイプのポイント

こうした起業に焦点を当てたアントレプレナー論は、一定程度妥当な面があると思われる。清成が主張するように大企業組織を中心とした体制には、他先進諸国にキャッチアップした後の創造的な革新活動を行なうのに適していない構造であり、そうした活動に適した中小企業の起業によるイノベーションが必要となる。さらに疲弊した組織に対抗できるのは、そうした組織の成員であることに満足しない個人であることも間違い無いであろう。しかしながら、こうした議論において欠けているのは、そうした個人による起業もやがて組織家の問題に直面することが必至である、という事実である。

起業を志すものは、起業者利益をそもそもの目的とするものもいるだろうが、大部分はその成功のパターンとして、自ら作り上げた組織を大規模化し、維持することを思い描いているであろう。すなわち、成功を望まない起業はあり得ないのである。ところが、起業者型アントレプレナー論においてはそうした当然の帰結に触れずに、起業という一つの段階のみに終始した議論が展開され続けてしまっている。活発な起業が必要な時代が到来したという起業者型の議論において、日本の戦国時代の社会状況がアナロジーとして出されることがしばしば見受けられるが、同じように例えるならば、戦国時代は歴史上百年と継続しなかったのであり、しかもそのあとに到来した堅固な階層型社会が二百五十年以上継続した事実を無視するわけにはいかないであろう。すなわち、起業者型アントレプレナー論においてはアントレプレナー活動の一つの様態を描いているものの、それを全てとしてしまうのはあまりにも狭義な議論であるといえよう。

(2) シンボリックマネジャー型

① 経緯

企業組織が大規模化するにしたがって、組織のトップとしてのアントレプレナー個人が、組織全般にわたる実際的な経営管理を行なうことは困難となってくる。情報を一点に集中させ指示・管理を行なうには組織の規模に限界があるのである。そうした問題を解決するために、企業組織はそれまでの階層型組織ではなく、分権化の方向を選ぶようになる。こうして意思決定の分権化が行なわれると、それまでのアントレプレナー活動にも変化がおこってくる。分権化した組織をシンボリックに統合する役割を果たすようになるのである。

T・ディールとA・ケネディー（T. Deal & A Kennedy）は、こうした役割を果たす企業のトップをシンボリックマネジャーと呼ぶ。[32] 彼らによれば、大規模な企業組織を継続させるには強い文化が必要であるという。ここでいうところの強い文化とは、さまざまな外的環境の変化に応じて成員が自発的に行動できる指針のことである。すなわち、マネジャーの機能とは、具体的な命令を与えることではなく、指針となる文化を提示し、成員の間に共有される価値理念を構築することとされるのである。

② 例

マネジャーが企業文化を形成するには、具体的には「理念」、「英雄」、「儀礼と儀式」「伝達」といった機能を満たすことであるとされる。すなわちマネジャーは、はじめに組織内で共有するべき「理念」提示し、その具体的な形として「英雄」を社員の中に設定する。そして、こうした「理念」を表現する場として「儀礼と儀式」を用いて、企業文化を「伝達」し浸透させる役割を果たすのである。ディールとケネディーは、このような企業文化形成のために必要なネットワークは、公式の企業組織とは異なる非公式なものであり、そしてこの非公式なネットワークの果たす役割が非常に大きいとする。そしてマネジャーは、企業文化を巧みに操るために、こうしたネットワークを十分に活用する必要があると説いている。

③ このタイプのポイント

マネジャーとしてのアントレプレナー活動は重要であり、したがってさまざまな企業、特に新技術の開発期において目にすることが出来るであろう。なぜならば、こうした活動の指針を形成する重要性はルーティン・ワークよりも、いままでに存在し得なかった行動・技術の様式を創造する時に増すからである。ここにおいて新しい秩序の創造というアントレプレナー活動は、組織全体において捉えられるべき存在となる。そしてマネジャーの担うべきは、シュムペーターが述べたような具体的イノベーションの遂行ではなく、イノベーションを誘発するための文化形成へと、その役割が分化していることに注意する必要がある。こうした文化形成の活動は、いわゆる企業家論としては管理者型企業家を超えるものとして捉えられることが多いものの、アントレプレナー論としては、あまり扱われては来なかった。しかしながら、イノベーションを誘発する文化を形成する作業も、知識の編集作業を行なう、という点においては、やはりアントレプレナー活動として認識されるべきものである。

一方こうした議論においては、文化形成は組織のトップであるマネジャーの役割と規定されてしまっており、企業文化はマネジャーと成員間の相互的な作用によって定着するとされるものの、その中心的機能はマネジャー個人のものとされてしまっている。これでは、成員間における自発的な文化形成については論じることが出来ず、この議論はあくまでも英雄型のアントレプレナー活動における議論で終わってしまっている。

(3) コーディネーター型

① 経緯

編集者型というのは、必要に応じてアントレプレナーが組織を形成し、機能させるタイプのことである。いわば、シンボリックマネジャーが組織依存型であったのに対し、編集者型は組織を形成するものの、その組織はプロジェクト事に暫定的に組成するものであり、いわばプロジェクト志向型のものである。ここではアントレプレナーとしてのプロジェクトリーダーの果たす役割は、必要な組織を形成し、それを管理、もしくはその組織の文化を形成し、プロジェクトを実行することにある。いわば、これまでの起業者型、経営管理者型、シンボリックマネジャー型のそれぞれの機能を合わせ持つタイプである。ただし、この組織はプロジェクト事に設置されるものであり、組織の維持を目標として抱える側面は少ない。

また、この編集者型は後述するグループウェア型と共通する側面を多く持つが、相違点はインタラクションの中からプロジェクトが生み出されるとされるグループウェア型に対し、組織の形成を個人の資質に帰着させる点にある。

② 例

コーディネーター型アントレプレナーが作り上げる組織とはどのような性質を持ったものであるか。彼によって作られる組織のメンバーには、自律的に行動するタイプの者が多く見られる。したがって、アントレプレナーが統括する組織は権限の集約化された階層型組織ではなく、ネットワーク型組織に近いものが見られるであろう。ネットワーク組織として紹介された事例のうち、初期のものを注意深く検討すると、リーダー依存型のネットワークが多く紹介されていることに気がつく。例えば、金子郁容も『ネットワーキングへの招待』で取り上げている。彼はネットワークを参加型と統制型に分類しているが、参加型ネットワークにおいても、リーダーの存在は非常に重要であることが理解できる(33)。事例として取り上げられているLANETと呼ばれる静岡市の女性ネットワークは、リーダーの活動の場が東京へ移動すると共に閉鎖されている。すなわち、コーディネーター無しではこのネットワークは存在し得なかったのである。

統制によって存続させるのではない参加型ネットワークにおいても、メンバーを参加させるには、中心となるべき人物の組織の管理、及び組織文化の形成が必要であることが、多くの場合において必要であることが明らかにされているといえよう。

③　このタイプのポイント

コーディネーター型アントレプレナーによって形成される組織は、階層型組織がネットワーク型組織へと転換される間の形態と捉えることが出来る。階層型組織が組織の維持をアントレプレナーの機能として要求していたのに対し、ネットワーク型組織はある機能に特化した組織を形成する事のみを要求する。したがって、アントレプレナーは既に自らが所属している組織の成員の中からメンバーを集めるのみでなく、組織外からもメンバーを受け入れることも可能である。したがって、そこで要求されるアントレプレナー活動に必要な能力は、目的に適した人材を選択し、勧誘し、組織に組入れることになる。すなわち、組織を自ら編集する能力が必要となるのである。

一方、人材の側からすると、アントレプレナーによってプロジェクトに勧誘されるまでは既存の企業組織に所属しているか、完全に仕事を待つ状態（失業状態）におかれることとなる。また、参加するプロジェクトにしても、期限のある一時的なものに過ぎない。したがって、こうしたコーディネーター型の活動に応えるためには、非常にリスクを抱えた状態となり、単一のプロジェクトに所属するだけでは不安定な立場となってしまう。したがって、こうしたプロジェクトに参加するメンバーは、コーディネーター型アントレプレナーに自らの処遇を任せるだけでなく、自律的に行動するパターンが見られるようになる。すなわち、コーディネーター型アントレプレナーの活動は、組織が階層型ネットワーク型へと変化する移行期の限定的なアントレプレナー活動であるといえる。

3　ネットワーク型アントレプレナー

英雄型に対してチームで創造的活動を行うのがネットワーク型である。英雄型の類型において、経営管理の側面があったのに対し、ネットワーク型においては組織の存続に関して関心が払われない傾向がある。こうした傾向の違いを明らかにするため、ネットワーク型アントレプレナーについて論じる前に、ネットワーク型組織を次のように措定しておきたい。

ネットワーク型組織とは、階層型組織と比較して相対的に、参加成員が自律的であり、情報の伝達が成員間で対等に行なわれる。そして、意思決定が特定の人間によってなされることなく、成員間の合意に基づいて決定される。さらに、特定の目的遂行のために集まった組織であり、その目的が消滅した場合や目的達成の効率的手段型に発見された場合、速やかに解散される。

こうした組織におけるアントレプレナー活動の発現形態を、ここでは（1）企業内起業家型、（2）グループウェア型、（3）ネットワーク型の三つに分類して取り上げる。

企業内起業家型とは、企業組織内においてイノベーションを遂行できる成員を育成し、そうした人々によって行なわれるアントレプレナー活動のことである。

グループウェア型とは、定型・非定型な情報及びアイデアの共有を目指したグループを形成し、その成員同士で行なわれるアントレプレナー活動である。

ネットワーク型とは、オープンな規格の上に個人もしくは組織が自律的に参加、脱退できるネットワークにおけるアントレプレナー活動である。

（1）企業内起業家型

①　経緯

企業内起業家型のアントレプレナー活動とは、企業内において社内ベンチャーを立ち上げることによって、大企業ならではの利点を活かしつつ、アントレプレナー活動を行なうタイプのことを指す。企業内起業家型は現場の意見をもとに、自らがイノベーションの推進者となって活動を行なうものである。また、組織全体としても企業内起業家を活用することによって、組織全体のインセンティブを高め、さらには成員にアントレプレナー活動が重要であるという企業文化を定着させることができるという、結果として組織全体のイノベーションにも結びつくものである。

② 例

企業内起業家に関する言説は、主に組織のマネジャーを対象に述べられているものが多い。すなわち、組織において起業家を育成するには、成員の自然に備わった革新を引き起こす能力のみに頼るのではなく、それを歓迎し育成する組織全体としての制度、及び企業文化が必要だからである。したがって、企業内起業家論はシンボリックマネジャー型と密接な関係にあると考えて良いであろう。例えば、S・C・ブラント(S. C. Brandt)は企業内起業家を制度的、財政的に支援することがマネジャーとして重要な役割であることを説いている(34)。

一方、二つの型の相違も存在する。シンボリックマネジャーが、マネジャーの果たすアントレプレナー活動に焦点を当てているのに対し、企業内起業家型は実際にイノベーションを起こす成員、もしくはその組織全体に注目している点が決定的に異なっている。シンボリックマネジャー型が企業文化の重要性を指摘するあまり、組織内における価値の多様性を軽視しているのに対し、企業内起業家型は統一的な目標のために行動するのではなく、各々が自身の問題意識に沿って行動する必要性をあげている。それによって、企業は例外的な出来事に対応できる多様性を獲得することができるという。すなわち各人が自律的な活動を行なうことによって、組織全体としての外的環境能力を高める結果が生じているとされるのである。

③　このタイプの議論のポイント

企業内起業家論が登場した背景には、組織の大規模化、そして外的環境の不確実性の増大という状況において、もはやマネジャーの企業文化を形成する作業だけでは、組織全体のイノベーションが有効に機能し得ないという現実が指摘できる。榊原清則・大滝精一・沼上幹はこのような活動を「企業家精神に富んだ参加者が新しい事業機会を認識し、その機会に対し社内の資源を動員すべく努力し、それをさらに発展させるようはずみをつける行動」であると規定している(35)。こうした活動は「自律的戦略行動」と呼ばれている。

一方で、こうした活動のみでは継続的な組織は成立しない。トップマネジャーによって設定された、それまでの企業の戦略や価値観といった「誘発的戦略行動」との調和が図られなければならない(36)。そしてこうした二つの戦略を統合する新たな戦略が設定されることこそが、その組織におけるイノベーション、すなわちアントレプレナー活動なのである。

以上のように企業内起業家型では、組織全体として捉えるとバーゲルマンとセイルズが述べるところの「複雑な組織的意思決定プロセス(37)」が行なわれているのである。

(2)　グループウェア型

①　経緯

グループウェアとは、「メッセージの伝達と情報の共有化ためのソフト。メッセージの伝達は電子メールと同じに感じられるが、それよりも多種多様の機能を持つ。また情報の共有化は数値なみならず、文書をデータベース化し、共有することを目指している。また、いつ、誰が、書き込みを行ったかを監視し、変更履歴を保存する。

これらにより、非定型で共有の困難だった情報が共有される。[38]」という特徴を持つコンピューター・ソフトである。したがって、グループウェア型アントレプレナー活動とは、こうしたソフトを活用されることに象徴されるような、情報の流通によって実現されるイノベーションの実行をさす。

また、こうしたグループウェアは、組織内におけるプロジェクトなどに際して用いられるものであり、通常のコミュニケーションでは情報の伝達が十分ではない、マトリックス組織における部署横断型のプロジェクトなどにおいて多く用いられるものである。すなわち、グループウェア型アントレプレナー活動は、組織内においてこれまで接点のなかった人間どうしによる協同作業によってもたらされるイノベーション活動をも指している。

このように、グループウェア型では、定型・非定型情報の共有と組織内横断によって、これまでの階層型組織や事業部制では成し得なかった組織内ネットワークによるアントレプレナー活動が語られている。

② 例

スイスの重電メーカーＡＢＢ（Asea Brown Boveri）におけるグループウェアの使用によって、マトリックス組織を運営している。石倉洋子によると、ＡＢＢは世界的な大規模組織であるが、グループウェアの使用によって膨大なデータベースを組織内で共有することにより、小さな組織のような柔軟性と迅速性を獲得しているという。[39] ＡＢＢは事業分野と地域という二つの軸からなるマトリックス構造を持っており、組織間のコミュニケーションが非常に重要な要素となっている。例えば地方でキャッチした情報をもとに事業分野によるプロジェクトチームを結成する場合、その迅速性が求められるが、こうした時も情報を組織全体で共有することにより、機敏に対応することが出来る。この事例においては、グループウェアは、「自由な組織単位で将来のビジネスを志向して」構築されていると石倉は指摘している。

同時に、グループウェアにおける情報の質についても、階層型組織における上下間の伝達とは異なる様相を帯びている。従来企業内では定式情報が公の情報として扱われており、現場の情報や担当者の感覚といったものは組織として共有することは難しかった。しかしグループウェアによって、こうした現場の断片的情報をも共有できるようになり、そこから成員間による協同作業としてのアントレプレナー活動が行なわれるようになったのである。

すなわちグループウェア型は、グループウェアの機能的特徴を利用することによって、暗黙知を集め、成員間の自由な組み合わせによって、アントレプレナー活動を行なうものと、認識することが出来るのである。

③　このタイプのポイント

グループウェア型アントレプレナー活動は企業内起業家型と同様、大規模な組織においてイノベーションをひきおこすためのシステムである。これにより、大規模な組織はその全体を維持したまま、フレキシブルにプロジェクトに応じた組織編成を行なうことができるようになる。また、定型情報のみならず非定型情報を扱えるようになることで、暗黙知を成員間で共有できるようになる。したがって、企業内起業家が組織の中で半ば独立した個人によってプロジェクトを作り上げたのに対し、グループウェア型では成員全体の中からアイデアを出し合い、また希望者がプロジェクトを結成するなどして、組織の枠にしばられることなく、なおかつ組織全体でイノベーションを起こすことが出来るのである。

しかしながら、こうした活動が行なえるためには、統一的な活動基盤を必要とする。今井と金子は現場に存在する非定型情報のことを動的情報と呼んでいるが(40)、こうした情報を解釈するには一定の解釈コードが必要である。今井と金子は、こうした情報を解釈する新しい文脈を形成することこそが革新行動であると説明しているが、現実の企業において全くの個々人の解釈コードを持ち寄り、新たな文脈を形成することは非常に困難である。したがって実際は、組織内にこれまで共有された解釈コードを用いて、さらなる新たな解釈を作り出すと考えるのが妥当であろう。すなわち動的情報を組織で扱うには、何らかの共通のコードがあらかじめ必要なのである。したがって、グループウェア型の活動には、あらかじめ共通認識が必要とされるのであり、先に上げたABBの場合においても、グループウェア導入前にABACUSという管理システムが本社による強い統制を目的として構築されている。さらに自由な議論においてまとまらない意見に対しては、強力なトップダウンによってスピードを重視した解決が行われているという。すなわち、本社による厳密な管理の上ではじめてグループウェア導入が成立しているのである。

(3) ネットワーク型

① 経緯

ネットワーク型アントレプレナー活動とは、組織の枠に限定されずに、組織間、個人間などでネットワークを組むことによってもたらされるイノベーション活動のことである。ここでは組織間のネットワークについて取り上げるが、ネットワーク形成の原理は、組織間、個人間ともに原理として違いがあるものではない。

末松千尋・千本倖夫は営利組織の発展を①自然発生、②集中、③分散、④統合の四段階に分類している。[41] 彼らはこれまでの流れを、市場の中に「自然発生」した小規模組織が、やがて大規模階層型組織へ発展し「統合」され、その非効率性が明らかになると事業部制などの権限の「分散」が行なわれる、と捉える。そして現在は、全体最適やシナジー効果を生み出すネットワーク型組織へと移行しつつある段階であるとする。すなわち、組織内における「分散」には限界があり、それを克服しうるのが「統合」としてのネットワーク型組織であるとするのである。

② 例

営利組織におけるネットワークとしては、國領二郎の述べるところのオープンネットワークがあげられる。(42)

オープンネットワークとは、共通のインターフェースを設定することによって、閉鎖的であった取引・提携関係をオープンなものにしようという概念である。各企業は柔軟な取引・提携関係によって外部資源を有効活用することによって、自らの中核業務に特化することができ、より効率的な企業運営を行なうことができるようになるのである。さらに、各企業が状況に応じた協同作業を行なうことによって、単独の組織では成し得なかったようなイノベーションを起こすことも可能となる。

金子はこうしたインターフェース上の協同作業の発展段階を、①ハードウェアの共有、②ソフトウェアの共有、③外生情報の共有、④内生情報の共有、と分類している。すなわちネットワークとは、技術的なインターフェースの共有としての「ハード／ソフトウェアの共有」という段階から、意思決定プロセスの共有としての「内生情報の共有」まで進化を遂げるのである。このような協同作業によるイノベーション活動は、原理としてはグループウェア型のアントレプレナー活動と同じであるが、組織という枠を超えているところが決定的に異なっている。

③ このタイプのポイント

ネットワーク型アントレプレナー活動は、組織という閉じた「場」におけるイノベーション活動の限界を、組織を超えることによって解決しようというものである。國領が述べるように、共通のインターフェース、すなわち共通の「場」が存在すれば、意思のあるものならば誰でも自由に参加できる。いわば限界の無い協同作業の可能性が広がっているのである。

しかしながら、こうしたアントレプレナー活動を実際に行なうには、いかに水平的なネットワークといえども、何らかの統合作用が働くことは事実である。國領は、オープンネットワークにおいては共通インターフェースを提供するプラットフォーム・ビジネスが発達することを明らかにしている。すなわち、プラットフォーム・ビジネスはオープンネットワークの枠組みを形成する上において、主導的な役割を果たすのである。また、ネットワークにおいてはその結節点となるべくネットワーカーの存在が必要となることは、金子をはじめとする論者によっても指摘されている。すなわち、ネットワーク形成におけるまとめ役が必要となるのであり、さらに営利活動の視点からすれば、自らをネットワーク形成の中心に位置付け、有利な立場を得ようという戦略が重要となるのである。したがって、ネットワーク型のアントレプレナー活動は、自律的な主体の参加によるイノベーション活動という、厳密に言説通りの機能を果たすことは、いささか困難であろう。

四　知のアントレプレナーモデルの検討

1　アントレプレナー発現の類型化の分析

第三節で類型化したアントレプレナーシップの発現形のバラエティは、第二節で述べた機能的定義とどのような関係にあるのであろうか。ここではアントレプレナーの機能を、その活動が行なわれる「場」と「主体」の二点を軸に、類型化された現代のアントレプレナー活動の構造を分析する。

英雄型アントレプレナーの活動は、起業者型における組織外の個人の活動として始まり、そしてシンボリックマネジャー型、コーディネーター型へと進むにしたがって、組織内における個人の活動として行なわれるように

図３―２

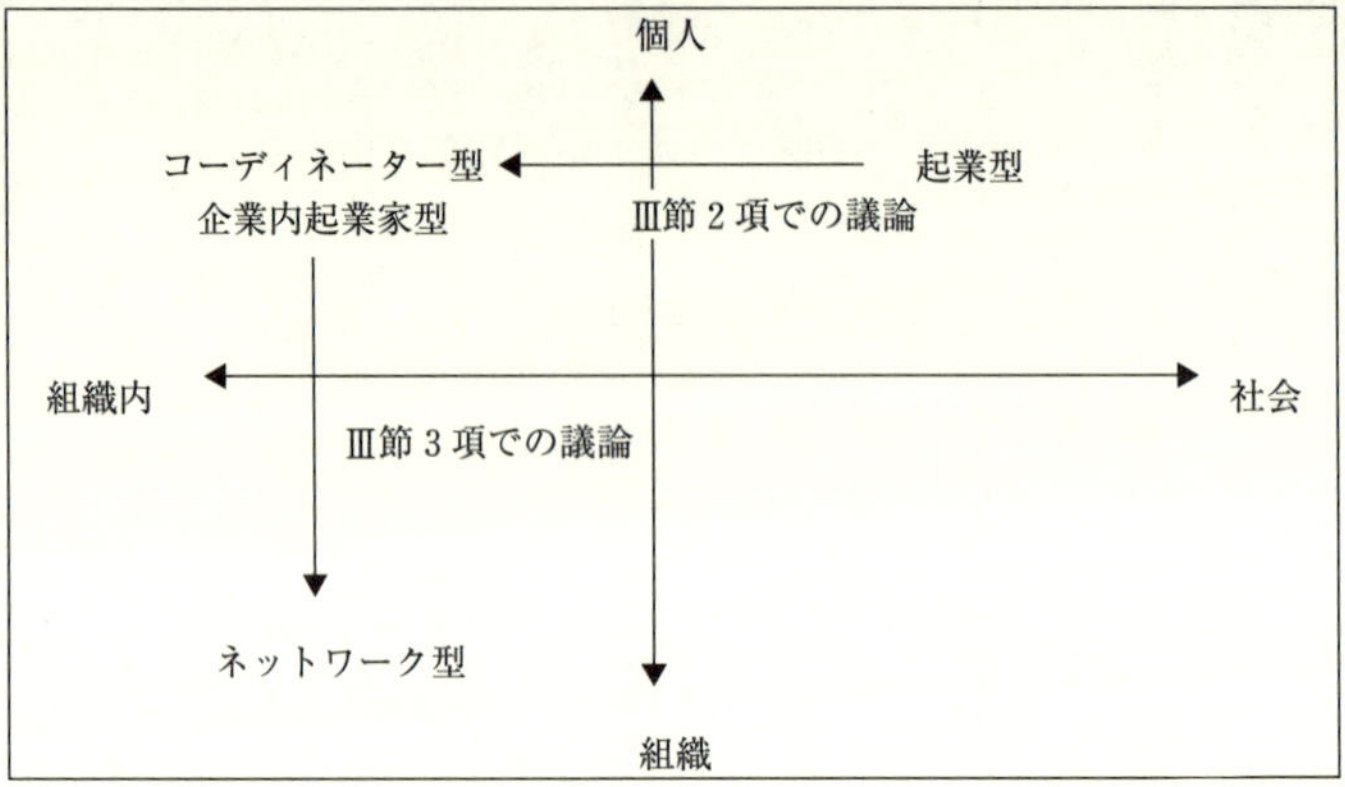

なったと捉えることが出来る。すなわち、アントレプレナーの活動の「場」は、組織外としての社会から組織内へと移行していったのである。一方、ネットワーク型アントレプレナーの活動は、組織内における企業内起業家型から、組織自体を関係づけるネットワーク型にまで進化していった。このことは、活動の単位が個人から組織へと移行していると捉えることが出来る。

こうした英雄型アントレプレナーとネットワーク型アントレプレナーの類型の展開を、「場」と「主体」からなるマトリックスに投影してみる。（図３―２）英雄型は「場」の軸を社会から組織内への移動、そしてネットワーク型は「主体」の軸を個人から組織への移動という議論の展開がなされている事が理解できるであろう。

こうした議論の展開は、次のように解釈することも可能である。すなわち、社会を「場」とした個人「主体」の活動である起業家型は、自ら関係性を構築する活動であり、したがって、ネットワーク的な活動であったと言える。しかし産業組織が大規模化する中で、階層型組織を維持し、その発展をもたらすというヒエラルキー的なアントレプレナーの役割が、徐々に捉えられるようになっていった。一方、そうした議論の到達した先で、肥大化した階層型組織の限界を克服する方

図3—3

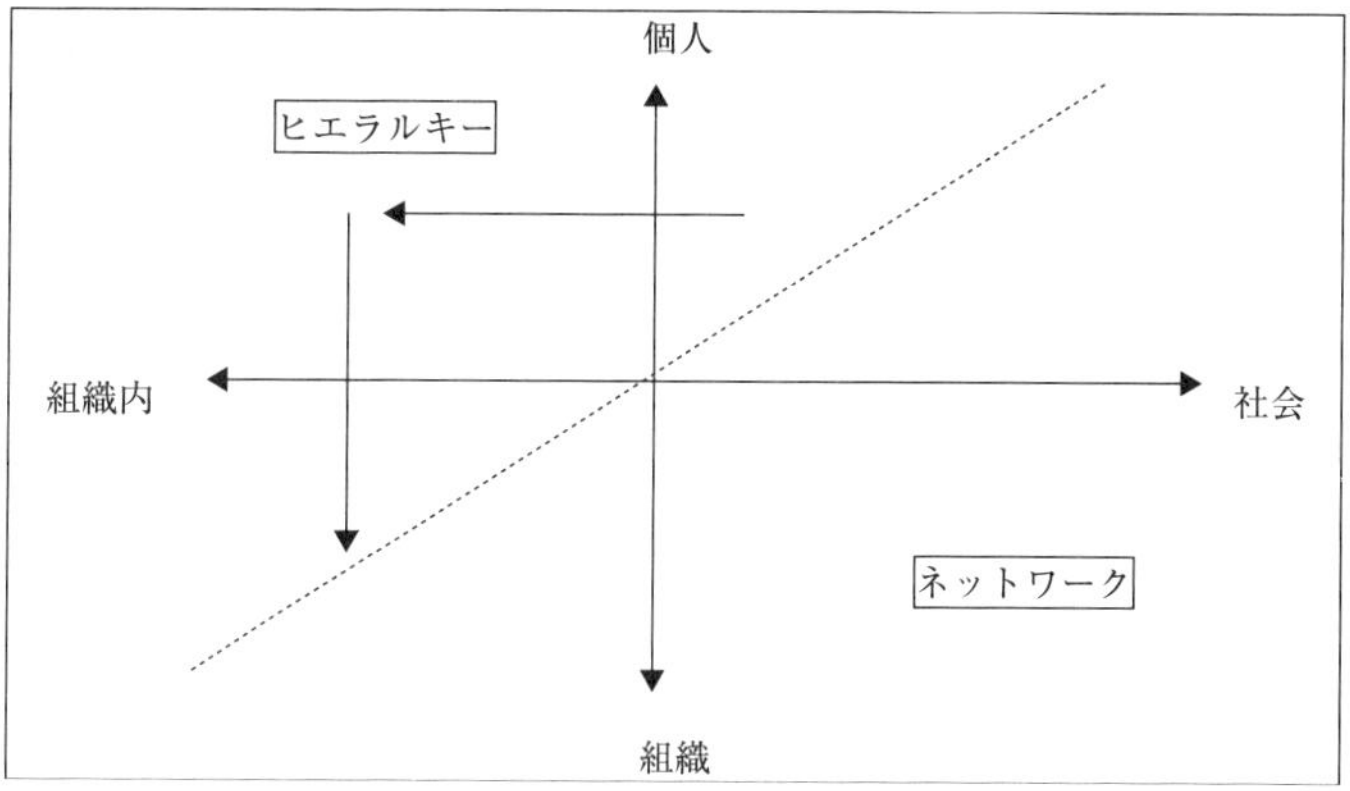

向として、個人ではなく、組織を「主体」とし組織全体によるイノベーション活動を見出す議論が発生し、ネットワーク型アントレプレナーシップ活動へと発展していった。議論は、組織の関係性を構築することによってイノベーション活動を活発化しようと、再びネットワーク的な活動として捉えられるようになってきているのである。

こうした議論の流れを整理するために、先ほどの図を、「主体」軸における組織、「場」軸における社会へのベクトルが発生する領域をネットワーク的次元、「主体」軸における個人、「場」軸における組織内へのベクトルが発生する領域をヒエラルキー的次元、と区別することが出来る。(図3—3)

それでは、今後のアントレプレナー活動の議論は、どのような方向に向かうのであろうか。ネットワーク型アントレプレナー活動に見られるように、アントレプレナー活動は組織内ではなく、組織を形成する過程に見出されるようになってきている。すなわち、「場」の軸は再び社会の側に移動していると考えることが出来る。一方、アントレプレナー活動の「主体」は、組織を単位とする議論と個人を単位とする議論に分裂している。例えば、オープンネットワーク論は組織間関係を取り扱っており、組織が主体として扱われている。一方、ベン

図３—４

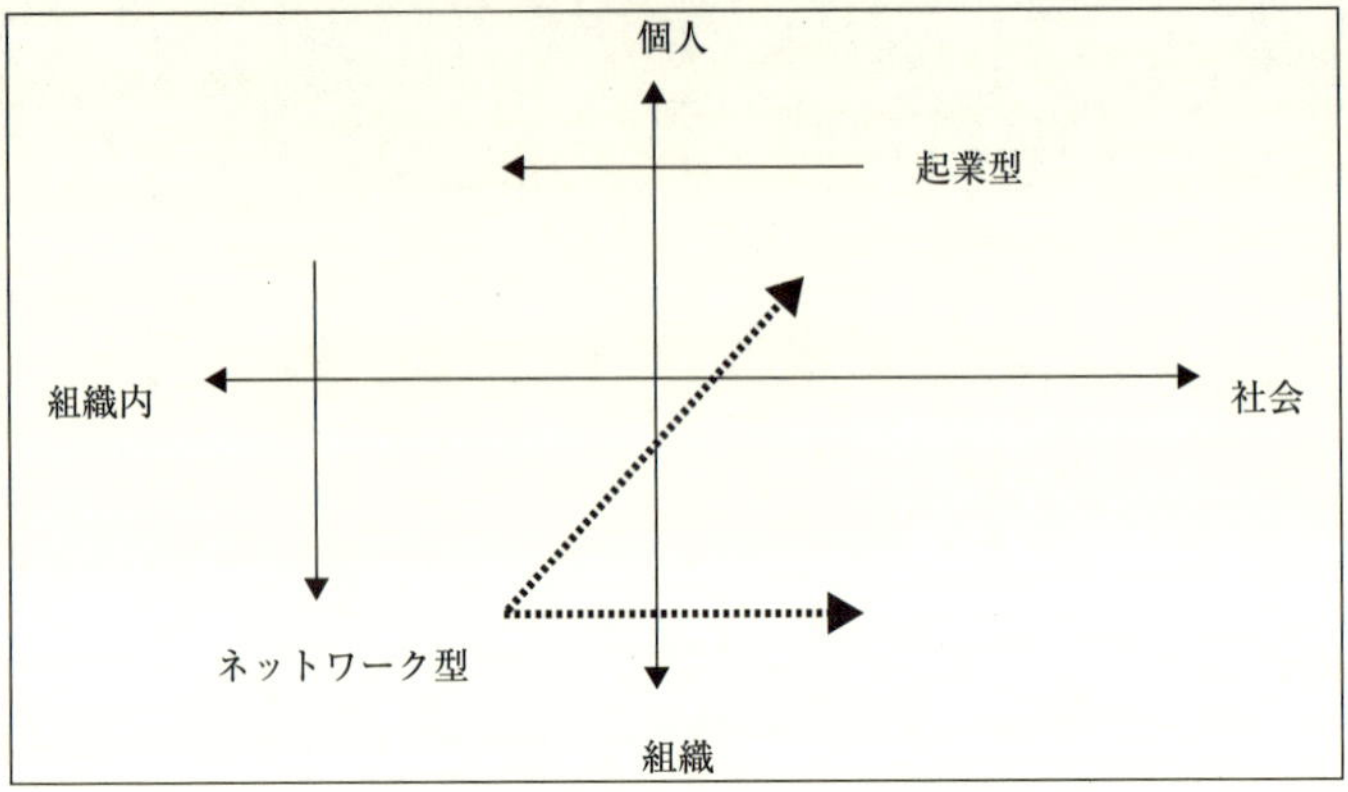

チャーネットワーク論においては、自律的個人が主体とされている。すなわち、マトリックス上で表わすと、次のような動きとして捉えることが出来る。（図３—４）

このようにしてみると、アントレプレナー活動に関する言説は、「主体」と「場」をめぐって循環していると認識することが出来る。重要なのは、取り上げた類型は全て時代時代の社会的文脈に応じて形成されたものであり、その場その場における最適解を模索した結果であった、ということである。すなわち、こうした言説の類型を比較することによって、その優劣を判断したり絶対解を求めたりすることは、全く意味をなさない。そうではなく、多様な発現形を持った機能的定義であるとする認識が、アントレプレナー活動の理解のためには必要とされるのである。

２　アントレプレナー活動の多様性

第一節において、アントレプレナーの役割をイノベーションの遂行者であり、そしてイノベーションとは知識の体系に変更を加え再構成すること、すなわち新秩序を創造することであると措定した。さらに第二節において、社会的危険を負担しながら、それまで存在し得なかった新秩序を創造するというイノベーション活動を、アントレプレナー活動の機能的定義として明らかにした。このような機能的定義でアントレプレナー活動を捉えるとき、第三節におけるアントレプレナー活動の類型を全て説明することが出来る。すなわち、アントレプレナー活動とは結局のところ知識を編集する作業なのであり、その作業は個人で行なっても組織で行なっても構わず、また社会で行なわれても組織内で行なわれても構わないのである。

第三節で取り上げた各類型は、それぞれがアントレプレナー活動の一断面のみを取りだし描写したものであって、他の類型の持つ要素と完全に分断されているということではない。例えば企業内起業家型においては、組織の中でプロジェクトの方向性が組織全体の戦略と調和するような、シンボリックマネジャー型の作業が必要とされる。またネットワーク型においては、ネットワークを構築する際には何らかの形の統制、すなわちヒエラルキー性が必要であることが明らかになった。それぞれの類型は、現実においては他の類型の持つ要素と混じり合い、存在するのである。そしてそれらの類型において通底しているものが、「知識編集者」というアントレプレナーの定義である。

このような認識を持つことによって、これまで見られたアントレプレナー活動を分析するだけでなく、現在おこりつつある活動についても捉え直すことが出来る。現在はベンチャーという起業のみに注意が向けられているが、そこで欠けているのは組織における協同作業の側面である。自律的主体という個人を強調するあまり、組織の意思決定における迅速性や戦略といった、ベンチャーにおいて重要な観点が不足している。知識を編集するという視点で見た場合、知識を編集するタイミングや、編集の方向付けを管理する作業も非常に重要なのである。

これまで取り上げてきたように、アントレプレナー活動は様々な形態を取りうるのであり、どれか一つという絶対解は存在しない。それぞれの組織に合った発現形態を模索することが、効率的なイノベーション活動に結びつくのである。

3　アントレプレナー活動の新たな地平

知の体系を編集し、新たな秩序を構築する存在がアントレプレナーであると認識することによって、アントレプレナー活動の理解に、二つの点において新たな地平が開かれる。

一つ目は、営利活動に限定されないアントレプレナー活動である。今までのアントレプレナー論がそのインセンティブを利益に求めていたのに対し、自己実現を活動の動機として対置できるようになる。須藤修は人間の活動を、合目的行為、同調的行為、創造的行為の三つに分類し、創造的行為を「複数の異なった活動領域の情報を能動的に関係付け、さらには関係付ける様式そのものを変化させる行為」であると指摘している[43]。すなわち、情報を結びつけるという知の編集を行なうことは、それまでの他者の構築した体系への合目的的、同調的な行為ではなく、自らを表現するという、自己実現活動としてのアントレプレナー活動であると解釈されるのである。

このように解釈するならば、アントレプレナー活動は営利活動のみに限られた行動ではなくなる。非営利活動においてもアントレプレナー活動が重要な役割を担うことが明らかになると同時に、さらにはこうした営利活動・非営利活動という対立的区別をも曖昧なものにしてしまう。なぜならば、知識を編集するという点において営利活動・非営利活動に差異は無いのであり、この二つの領域はそれぞれがお互いを補完する関係になることが出来るのである。実際にコンピューターソフトの場合、ユーザー同士の活動が盛んな商品ほど市場におけるその優位性が高まる場合が多くみられる。さらに製造が中止された携帯用コンピューターの後継機を、ユーザーグループが自ら会社をおこして自主開発しようとする例などもあり[44]、このような場合、もはや営利活動と非営利活動の境界線は明確では無くなっている。

もう一点は、「共進化」と呼ばれる概念についてである。効率的なイノベーション活動をもたらすにはそれぞれの組織に見合った発現形態を模索することが重要である。最適な発現形態を選択することによって、その成員各自の行ないうるアントレプレナー活動の総和以上のイノベーションが引き起こされることが指摘されている。L・ローゼンコフとM・L・タッシュマン（Rosenkopf, L. & Tushman, M. L.）によると、企業及び企業間、研究施設、特許事務所、貿易団体などの様々な部門は相互依存関係からなる技術コミュニティー（technological community）なるものが存在しているという[45]。こうした技術コミュニティーは、一定の期間における技術進化の過程と同時にコミュニティーの構成、形式自体をも変化させていくという。技術がドミナントデザインとして定着期に入るにつれ、コミュニティーの関係性もそれに適応したものへと移行するのである。そして、新しいコミュニティーの関係性が成立すると、それにふさわしい形での新たな技術の開発が始まるというサイクルを繰返すという。こうした、コミュニティーと技術が相互に影響しあい、進化していく過程を、彼らは「共進化」と呼んでいる。このことは、外的環境に応じて組織はその形態を模索すると同時に、組織は自らの外的環境を作りかえる働きを持つことを表わしている。そして、外的環境に応じて組織が最適な形態を選択すること自体が、その後のイノベーション活動を決定付けるきっかけであり、さらにはそれ自身がイノベーション活動であるといえるのである。

4　今後の課題

これまでにおいて階層型組織の限界が明らかとなり、それを超えるものとしてネットワークが登場した。しかしながら、現実においてネットワークもまた万能ではない。社会の様々なレベルでネットワークが成立するにつれ、ネットワーク同士の競争（ネットワーク間競争）が、激しくなるからである。

金子はネットワーク間競争にについて、次のように述べている。[46] 情報の共有のレベルが上昇すると、ネットワーク内の意思決定プロセスが共有化され、他のネットワークとの関係における競争力が増大する。しかし、同時に他のネットワークも同様な戦略をとるため、ネットワーク間における競争状態が発生する。さらにネットワークの情報共有レベルが上昇すると、ネットワーク内部のメンバー間の差別化が難しくなり、ネットワーク内競争が激しくなる。すなわち、ネットワーク間競争とネットワーク内競争はトレードオフの関係にあるのである。ネットワークの運営において、重要なことはネットワーク内の過度の競争を避けつつ、ネットワーク間競争に勝ち残る戦略を持つことである。こうした戦略は、なにも営利活動においてのみ求められるものではなく、非営利活動においても同様に要求されるものであるし、巨大なネットワークとしての国や地域もネットワーク間競争においても同様のことがいえる。経済のアングロサクソン化といわれる市場のグローバル化の中で、日本に従来存在した社会システムは適応出来ないとされ、アメリカ型のネットワークがアントレプレナー活動に最も適しているとされ、礼賛されている。しかしながら、アメリカ型のネットワークはアメリカの内的環境・外的環境が存在したうえで存在しているのであり、それがそのまま日本に適応できるかは甚だ疑問である。そもそも、アントレプレナー活動とは知識を再構成する作業のことであり、知識の構成にはそれを認める社会的合意が必要となる。歴史的に社会的な合意形成能力に長けている社会と、組織内における合意形成プロセスを発達させてきた社会とを同列に論じることは難しいのである。そうした前提を無視した議論は、イノベーションにおいて重要な合意形成プロセスの単なる破壊をもたらすのみである。例えば、F・フクヤマはアメリカと日本の共通点として、合意形成能力としての「信頼」が高く維持されていることをあげている。(47)「信頼」は社会システムを超えて存在しうるものである。

今日においてアントレプレナー活動に求められているのは、グローバルに通用する絶対解ではない。それぞれの社会においてはローカルな個別解が存在するのであり、こうした個別解は、外的環境と組織（もしくはネットワーク）の相互作用を捉える概念であるはずである。この二者の関係はコンテンジェンシー理論を代表に、外的環境によって内的環境が決定付けられると理解されてきた。(48)しかしながら、最近になって「共進化」の概念が提出され、双方が双方の変化を促す存在であるとの認識が登場しつつある。この概念は、今後さらに検証され精緻化する必要があるだろう。そしてそのうえで、知識編集者という機能的定義でもってアントレプレナー活動を捉える、グローカルな最適解を導き出す必要があるだろう。

（寺本　卓史）

参考文献

（1）シュムペーター自身は、晩年になってこうした見方に修正を加えている。Coombs, R., Saviotti, R. and Walsh, V. (1987) 'Economics and Technological Change' MacMillan.（竹内啓・広松毅監訳『技術革新の経済学』新世社、一九八九年）

（2）Nonaka, I. and Takeuchi, H. (1995) 'The Knowledge-Creating Company' Oxford University Press.（梅本勝博訳『知識創造企業』東洋経済新報社、一九九六年八三―八四）

（3）暗黙知については以下を参照。Polanyi, M. (1966) 'The Tacit Dimension' Rotledge & Kegan Paul Ltd.（佐藤敬三訳『暗黙知の次元』紀伊國屋書店　一九八〇）

（4）東京途中小機企業振興公社：http://www.tokyo-kosha.or.jp/index.html　二〇〇〇・八・三一アクセス

（5）アントレnet：http://job.rnet.or.jp/BI/index.html　二〇〇〇・八・三一アクセス

（6）こうした例として、蕎麦屋の暖簾分けの制度などがあげられる

（7）例えば、こうしたベンチャー交流団体の先駆け的存在であったビットバレーは、そのパーティーに孫正義ソフトバンク社長や速水優日銀総裁など、経済界の大物が出席するなどしてその注目度の高さが話題になった。ビットバレーはその後、役割を終えたとして発展的解消を遂げている

（8）経営史研究で有名なA・D・チャンドラー（A. D. Chandler）は、アメリカで「近代企業」組織が確立したのは、十九世紀からの鉄道業であったと述べている。Chandler, A. D. (1977) 'The Visible Hand : The Managerical Revolution in American Business' The Belknap Press（鳥羽欽一郎・小林袈裟治訳『経営者の時代　上・下』東洋経済新報社　一九七九）

（9）Drucker, P.F. (1985) 'Innovation and Entrepreneurship' Harper & Row.（小林宏治監訳『イノベーションと起業家精神』ダイヤモンド社、一九八五　二四五―二四六）

（10）Saxenian, A. (1994) 'Regional Advantage' Harvard University Press.（大前研一訳『現代の二都物語』講談社、一九九五）

（11）今井賢一監修加藤敏春・SVMフォーラム（一九九五）『シリコンバレー・モデル』NTT出版

（12）シビックアントレプレナーの概念については、Henton, D., Melvile, J., Walesh, K.(1997) 'Civic Entrepreneur' Jossey-Bass Inc.（加藤敏春訳『市民起業家』日本経済新聞社、一九九八）を参照

（13）これは米国の場合である。ちなみに日本の場合は時価総額の一千倍以上に達するものもあったという。「ネット経済に落とし穴はないのか？」日刊ゲンダイ・デイリーメール：http://ngendai.com/pay/index.html　二〇〇〇・一・二

○アクセス

(14) Pinchot III, G. (1985) 'Intrapreneuring' Harper & Row.（清水紀彦訳『社内企業家』講談社、一九八五）

(15) 清成忠男（一九八八）〝編訳者による解説〟清成忠男編訳、Schumpeter, J. A.『企業家とはなにか』東洋経済新報社、一七七。ただし清成は、これまでの日本で多く見られた差別化競争型のアントレプレナー活動は限界に来ており、ブレークスルー型の必要性を主張している。この点については、以下を参照。清成忠男（一九八二）『企業家革命の時代』東洋経済新報社

(16) Roover, R. (1963) 'The Organization of Trade", The Cambridge Economic History of Europe III

(17) Hebert, R. F. & Link, A. N. (1982) 'The Entrepreneur.' CBS Educational and Professional Publishing.（池本正純・宮本光晴訳『起業者論の系譜』ホルト・サンダース、一九八四、十七―一八）

(18) Cantillon, R. (1931) 'Essai sur la nature du commerce en general' edited and transited by H.Higgs. MacMillan.（津田内匠訳『商業試論』名古屋大学出版会、一九九二）

(19) Knight, F. H. (1921) 'Risk, Uncertainty and Profit'. Houghton Mifflin.（奥國領次郎訳『危険・不確実性及び利潤』文雅堂銀行研究社、一九六九）

(20) Schumpeter, J. A. (1926) 'The Theory of Economic Development' Oxford University Press（塩野谷祐一・中山伊知郎・東畑精一訳『経済発展の理論（上・下）』岩波文庫）

(21) しかしながらシュムペーターは、その機能は個人によって担われるものであるとしてしまっている。この点については、前掲書上巻・一九九―二百を参照

(22) Kirzner, I. (1985) 'Discovery and The Capitalist Process' The University of Chicago Press.

(23) Marshall, A. (1961) 'Principles of Economics, Ninth edition' MacMillan.（馬場啓之助訳『経済学原理・Ⅱ』東洋経済新報社、一九六五－六七、二八三―二八四）

(24) マーシャルはさらに、組織におけるルーティン・ワークをもアントレプレナーの活動として認識している。

(25) Kanbur, S. M. (1979) "Of risk taking and the Personal Distribution of Income" 'Journal of Political Economy' 87769–797

(26) さらにドラッガーによれば、イノベーションの機会が存在している分野において、それを行なわないことは、イノベーションを起こすことよりもはるかにリスクが大きいのであり、イノベーションの遂行者であるアントレプレナーの活動の方には、むしろ危険が少ないという。Drucker (1985) を参照。

(27) これまで繰り返し述べてきたように、言説におけるアントレプレナー活動が必ずしも実物的描写として現実に即しているというものではない。

(28) 佐伯啓思（一九九九）『アダムスミスの誤算　上・下』PHP、上・三四

(29) 日経ビジネス編（一九八八）『アメリカ起業家精神の旅』日本経済新聞社、一一

(30) 福島正伸（一九九五）『起業家精神』ダイヤモンド社、二一

(31) 清成（一九八二）序章参照。ただし、清成は同時に中小企業の組織としての存続性の重要性をも指摘している。

(32) Deal, T. E. & Kennedy, A. A. (1982) 'Coporate Cultures' Addison–Whesley.（城山三郎訳『シンボリック・マネジャー』新潮社、一九八三）

(33) 金子郁容（一九八六）『ネットワーキングへの招待』中央公論社。この本においては、中心的な役割を担っているネットワーカーを写真付きのコメントで紹介するなど、ネットワーカーの役割の重要性が感じられる構成になっている。

(34) Brandt, S. T. (1986) 'Entrepreneuring in Established Companies' Dow Jones-Irwin.（清水紀彦訳『企業内起業家を作る』ダイヤモンド社、一九八七　一四三

(35) 榊原清則・大滝精一・沼上幹（一九八九）『事業創造のダイナミクス』白桃書房　一三

(36) R・A・バーゲルマンとL・R・セイルズ（R. A. Burgelman & L. R. Sayles）は、こうした二つの戦略を結びつけるのが企業内起業家とトップマネジャーとの間にたつミドルマネジャーの役割であると指摘している。Burgelman,

R. A. & Sayles, L. R. (1986) 'Inside Corporate Innovation' The Free Press.（小林肇監訳『企業内イノベーション』ソーテック社 一九八七、を参照。

(37) 前掲書、二〇

(38) オンライン・コンピューター用語辞書：http://www2.nsknet.or.jp/azuma/ 二〇〇〇・八・三一アクセス

(39) 石倉洋子（一九九七）「統制と創造のネットワーク・マネジメント」ダイヤモンド・ハーバードビジネス編集部編『ネットワーク組織の行動革新』一二一―一四八

(40) 今井賢一・金子郁容（一九八八）『ネットワーク組織論』岩波書店、第四章

(41) 末松千尋・千本倖夫（一九九七）『ネットワークベンチャー経営論』ダイヤモンド社 第二章

(42) 国領二郎（一九九五）『オープンネットワーク経営』日本経済新聞社

(43) 須藤修（一九九五）『複合的ネットワーク社会』有斐閣 三―五

(44) ヒューレッド・パッカード社のパームトップパソコンＨＰ２００ＬＸが一九九九年九月に製造中止になったのを受けて、Nifty の同パソコンユーザーフォーラムの有志が代替機の製造を計画し、開発に着手している。MorphyOne への道：http://member.nifty.ne.jp/HP 200 LX/index.html 二〇〇〇・八・三一アクセス

(45) Rosenkopf, L. & Tushman, M. L. (1994) "The Coevolution of Technology and Organization" Joel, A. C. & Singh, J.V. ed. 'Evolutionary Dynamics of Organizations' Oxford University Press

(46) 金子（一九八六）一〇九

(47) Fukuyama, F. Fukuyama, F. (1995) 'Trust' The Free Press.（加藤寛訳『「信」なくば立たず』三笠書房、一九九六）

(48) コンテンジェンシー理論については、以下を参照。Burns, A.A. & Stalker, G. M. (1961) 'The Management of Innovation' Social Science Paperbacks.（松田武彦・高柳暁・二村敏子訳『経営行動』ダイヤモンド社

第四章　知のコンテクスト

一　事業進化と知のコンテクスト

事業進化における知のコンテクストについて考察してみたい。その際、事業進化を次の三つのレベルに分けてそれぞれにおける知のコンテクストを考察するのが生産的であるように思える。すなわち、①事業環境レベル、②事業戦略レベル、③事業インフラレベル、である。

1　事業環境レベルの事業進化

事業環境レベルの事業進化とはとりあえず周知のプロダクト・ライフサイクル・モデルによって描写されるような市場・業界レベルの事業進化と考えておく。すなわち市場・業界は導入期・成長期・成熟期・衰退期の四期、あるいは導入期の前に開発期を加え衰退期を省いた四期を経過して進化するという分析フレームである(1)。

しかし事業環境は市場・業界に限らない。例えば米国を中心に「訴訟社会化」が進行し、またグローバル化によって「訴訟先進国」での事業経営が本格化するにつれて、わが国の企業やその最高経営責任者などが株主、消費者、従業員などから違法行為で訴えられるケースが増えてきている。米国でセクハラ訴訟に敗訴した自動車メーカーのケースは記憶に新しいし、わが国においてもごく最近、大手都市銀行に対する株主代表訴訟で原告側が勝訴した。企業が裁判沙汰に巻き込まれる可能性は今後ますます高まることが予想される。これを一般化すれば、グローバルなレベルで立法・司法・行政のいわゆる三権が事業環境に占める重要性は着実に高まってきていると考える。

大学や企業の研究所を含む研究機関による科学・技術の知識創造はＩＴやバイオテクノロジーを中心に量的に増加の一途であり、スピードにおいても加速度化している。科学・技術は人間のニーズやウォンツを充足する有力な手段となりうる知識を創造する。「顧客の望みを適切なテクノロジーにうまく翻訳するのが私たちの仕事だ」とデルコンピュータの創業者であるマイケル・デルが述べるように、事業経営にとって科学・技術の進化は最も目が離せない事業環境の一つである。

近年、わが国は世界的に類例のないスピードで人口構成の高齢化が進んでいる。それは女性の就労人口の増加、結婚・出産の平均年齢の高齢化、少子化傾向、結婚忌避の傾向、離婚の日常化といった個人的自由の拡大を基調とした社会進化と関連している。これらの社会進化は新しいニーズやウォンツを産み出し、一方で、三権における知識創造を刺激するであろう。現在は老人介護や働く女性のための保育サービスについて議論や実験や事業化が集中している。しかしそれほど遠くない将来、わが国の歴史上かつてない規模でアジアを中心に海外諸国からの本格的な移民の受け入れが三権の議事日程の上ってくるかもしれない。他方で、社会進化はこういった三権の動向を受けて、あるいはそれに先行して様々な事業創造が試みられるであろう。

2　事業戦略レベルの事業進化

「事業戦略」は例えばホファーとシェンデルのように(2)「競争戦略」と同義に使用されることもあるが、本論では「競争戦略」よりも広義の意味をもたせておく。すなわち「競争戦略」は競争相手との顧客をめぐる市場競争の存在を前提するのであるから、例えば事業創造の初期段階のように競争相手がそもそも存在しなかったり、仮に存在するにしても実質的な市場競争が開始されていない状況で「競争戦略」の概念を適用するのは用語法上の無理がある。

また上述のような市場・業界以外の事業環境の進化に対する企業の環境対応は間接的にはともかくも直接的には「競争戦略」と呼ぶにはふさわしくないであろう。

おそらく「競争」の概念はその形態を別にすればあらゆる社会システムに一般的にあてはまるプロセス概念であろう。例えば、政治の世界や科学・技術の世界は言うまでもなく、芸術・文化や宗教の世界、家庭内、異性・同性間の交際の世界でさえも「競争」は存在するのであって、「競争」は経済・経営の世界に固有のプロセスではない。したがって事業進化における知のコンテクストを考察する本論の目的に照らして、「競争戦略」というより一般性の高い概念よりも「事業戦略」という中間レベルの概念のほうがより適合的であると考える。

事業戦略レベルの事業進化は上述のプロダクト・ライフサイクル・モデルにおける各フェーズとかなりの部分で対応関係があるように見える。しかし、例えば事業創造は市場・業界の導入期に対応するばかりではない。事業拡大あるいは事業成長は成長期に対応するばかりではない。それはしばしば成熟期や衰退期にも対応するのである。事業拡大あるいは事業成長は成長期に対応するばかりではない。それが結果的に市場・業界レベルの再成長をもたらすにせよ事業成長は成熟期に対応することもある。

事業戦略レベルの事業進化がどのようなフェーズに区分するのが妥当であるのかは今後の研究課題の一つであるが、本論では試論的に次のような区分を行っておく。すなわち、①事業創造、②事業成長、③事業再編成、である。本論では①②について考察する。

事業創造とは既存事業の失敗あるいは新しい事業機会の出現に対して従来のビジネス・モデルとは全く異なる「不連続」な新規事業を立ち上げ、普及させるフェーズである。

事業成長とは、創造された新しいビジネス・モデルが収益性を実現し、事業としての有効性を実証した段階で発生する本格的な市場競争において競争相手に対して競争優位性を確保していくフェーズである。事業成長は、本論で考察するように、新しいビジネス・モデルの初期の成功にともなって創発する諸問題に対する対応のプロセスであるとともに、事業の成熟化に伴って創発する事業環境の変化にたいする対応のプロセスでもある。例えば専業から多角化への事業成長もこのフェーズに含まれると考える。

事業再編成とは、事業成長に失敗した事業、あるいはかつて事業成長に成功したがその後の事業環境の変化などによって創発した諸問題への対応に失敗した事業を再建するフェーズである。事業再編成の典型例がいわゆる「企業回生」あるいは「コーポレート・ターンアラウンド」(corporate turnaround)である。共に既存事業の失敗に対応して着手される事業再編成と事業創造のコンテクステュアルな違いは事業インフラの潜在能力あるいは経営資源の蓄積が大きく損なわれているかどうかであると考える。通常、事業再編成は事業インフラの健全な部分を残して他を切り離し、縮小均衡的に事業環境、事業戦略、事業インフラの適合性を再構築することから着手される。したがって事業撤退は事業再編成の一部を構成するものと考える。

3　事業インフラレベルの事業進化

本論において「事業インフラ」とは経営資源の構成のことである。吉原その他によれば「経営資源」とは「企業活動に必要なすべての資源あるいは能力[3]と定義される。彼らによれば「経営資源」は先ず「可変的資源」と「固定的資源」に分類される。「可変的資源」とは「企業がそのときどきの必要に応じて市場から調達することが容易な[4]」経営資源のことであり、「固定的資源」とは「その保有量を企業が増減させるのに時間がかかり、またその調節のために必ず相当のコストがかかる[5]」経営資源のことである。固定的経営資源は可変的経営資源よりも戦略的重要性があり、次の四つに分類される。すなわち、①人的資源、②物的資源、③資金的資源、④情報的資源、である。本論も基本的に吉原その他による「経営資源」の定義と類型に基づいて事業インフラを考察する。

本論において事業インフラとは次のような経営資源から構成される全体であると考える。①人的資源と人事システム、②資金的資源と財務システム、③生産、流通、在庫、仕入などに必要な物的資源と業務システム、④経営情報システム、意思決定支援システムなどの情報通信システム、⑤組織構造、⑥業績評価システム、報酬罰則システムなどのマネジメント・システム、⑦組織文化、経営理念、経営方針、経営計画などの組織的知識・価値インフラ、⑧パワーとガバナンス構造、などである。

事業インフラは事業戦略が構想するバリュー・チェーン[6]を構成しており、それはさらにより大きな循環のシステム、いわば「バリュー・サイクル」の一環をなしている。

事業インフラはどのような進化の経路をたどるのであろうか？　それは相互に関連するいくつかの次元に沿った複雑な進化経路であると予想される。

第一は上述の①②③に直接関わるが事業インフラの「大規模化」があるだろう。事業が成功すればするほど、一般に、より多くの人材、より多くの資金、より多くの設備や原材料あるいは商品が必要になるからである。

第二は情報通信システムにみられる「分散化」傾向や組織構造における「分権化」によってもたらされる事業インフラ全体の「柔軟化」があるだろう。「柔軟化」は「大規模化」に伴う業務インフラの機能低下に対抗的に進行するであろう。

第三は各種システムの「精緻化」や組織構造の「公式化」にみられるような事業インフラ全体の「プログラム化」である。「プログラム化」は一方で「大規模化」に伴って進行する。他方、「プログラム化」と「柔軟化」はある程度まで相互促進的に進行するだろう。業務や職務に関わる規則や手続きが精緻に公式化されるほど決定権限の委譲が容易になるからである。しかしある限度を超えると「プログラム化」は「柔軟化」にとって逆機能的に作用し始めるであろう。その典型例が、いわゆる「官僚制の逆機能」である。過度に精緻化された規則や手続きは例外事項への対処をめぐって適応性を失うようになる。

第四は事業インフラの「複雑化」である。事業インフラの「大規模化」は経営資源の追加を伴うので、センゲ(7)の概念を援用すれば、「細部の複雑さ」を高める。それとともに、一般に、「動態的な複雑さ」を高める。事業進化の理解にとってより重要な意味をもつのは「動態的な複雑さ」である。「細部の複雑さ」が「多くの変数が内在する複雑さ」を意味するのに対して、「動態的な複雑さ」は「因果関係がとらえにくく、対策を施しても時間をおいた効果が明確でないような状況」を意味する。センゲは次のような場合に動態的な複雑さがあると言う。すなわち、

「ある行動が短期と長期で異なる結果をもたらすとき、そこには動態的な複雑さがある。また、ある行動がシステムのある部分にもたらす結果と別の部分にもたらす結果がいちじるしく異なるとき、そこには動態的な複雑さがある。当然と思われる行動が当然とはいえない結果をもたらすとき、そこにはやはり動態的な複雑さが

ある。[8]」

事業インフラの「複雑化」は一方で「システム思考」とコンピュータ・シミュレーションによるシステムの動態分析手法を発達させ、事業インフラの「細部の複雑さ」と「動態的な複雑さ」の増大に対抗し、それらの帰結を予測可能な範囲にとどめる努力を積み重ねるであろう。しかし、他方で全く異なる発想から事業インフラを再構成し、事業インフラ構想の「単純化」あるいは「脱複雑化」を追及する動きが出てくるかもしれない。この場合には当然、事業戦略の大きな転換、「不連続」が発生するだろう。すなわち、事業インフラの「複雑化」は、事業環境の成熟化のように、その深化が「不連続」なイノベーションを惹起する契機になり得ると考える。

4　事業進化の全体像を求めて

上述の三つのレベルで進行する事業進化はそれぞれ無関係ではない。事業環境レベルの進化は事業戦略レベルや事業インフラレベルの進化を刺激するであろうし、事業戦略レベルの進化が事業環境レベルの進化をもたらし、事業インフラレベルの再編成を迫るかもしれない。

いずれのレベルにせよ事業進化は生物のそれとは違ってナチュラル・プロセスとして進行するのではない。事業進化は人間の意思決定と知識創造の産物である。それらのプロセスは事業環境、事業戦略、事業インフラという多レベルで進行し、複雑な相互作用を伴う。またこれら三レベルの事業進化の間にはタイム・ラグが存在し得る。その意味で事業進化はタイム・ラグを含んだ相互進化のプロセスであると考えられる。

二　事業創造と知のコンテクスト

事業創造期における知識創造はどのようなコンテクストのもとで進行するのであろうか？　この問題を考察する手がかりとしてここでは二つの事例を取り上げる。すなわち、一つはヤマト運輸株式会社による宅配便事業の創造であり、もう一つはデルコンピュータによる「ダイレクト・モデル」の創造である。

1　宅配便事業創造における知のコンテクスト：ヤマト運輸(9)

今やわれわれの日常生活にとって不可欠の宅配便の事業は一九七六年一月に始まった。宅配便の事業創造は、よく知られているように、ヤマト運輸株式会社（以下、ヤマト運輸と略記）によって成し遂げられた。初年度の取扱個数は一七〇万個であったが、それ以来、宅配便市場は急速な成長を遂げた。一九九九年三月現在、宅配便全体の年間扱い個数は約一八億個、そのうちヤマト運輸の「宅急便」は七億七一〇〇万個（シェア四二・七％）に達する（ヤマト運輸ホームページ参照）。「宅配便は「家庭などの小口の届け先に個別に届ける」「混載を行う」「広域に対してネットワーク輸送を行う」という要素の組み合わせからできている。(10)」といわれる。

現在、ヤマト福祉財団理事長であり、元ヤマト運輸社長として宅配便事業を創造した小倉昌男氏（以下、小倉氏と略称）はその著書の中で運送業が対象とする市場は、①商業貨物の輸送市場、②個人生活関連の輸送市場、に大別されると述べている。

商業貨物の輸送市場は、産業活動に付随して必要とされ、「その特色は、毎日または毎月決まって出荷され

（反復的）、荷主によって輸送ルートは決まっており（定型的）、輸送ロットは中または大口で（大量的）、運送業者によって扱いやすい対象である。そして、トラック会社の営業は、ほとんどがこの商業貨物を対象とした輸送市場で行なわれていた[11]」という。後述のように、一九一九年創業のヤマト運輸（創業時の社名は大和運輸株式会社。一九八二年に現在の社名に変更）も宅配便事業を創造するまではこのような特色を持つ商業貨物の輸送市場に参入していた。

それに対して、個人生活関連の輸送市場は個人生活の中で偶発的に起こる輸送需要に基づくものであり、貸し切り輸送と小口輸送に分かれる。個人生活関連の輸送市場における貸し切り輸送の代表例が引越輸送である。これに対して、小口輸送の代表が宅配便事業である。ヤマト運輸が個人生活関連の輸送市場（小口輸送）に参入しようとしたころ、引越輸送には一般のトラック会社が多数参入しているのに対して、小口輸送にはまったく参入していなかったという。「なぜかというと、いつ、どこの家庭から出荷されるかわからないし（偶発的）、どこに行くかも決まっておらず（非定型的）、その需要はつかみどころがない[12]」という特色を持つからであった。宅配便事業は極めて不確実性の高い事業であるとみなされていたことが分かる。

宅配便事業がヤマト運輸によって創造されるに至る知のコンテクストは以下のように要約できる。

①事業環境レベル…市場の変化と業績の悪化

ヤマト運輸は一九一九年に小倉康臣氏によって、トラック四台を保有するトラック運送業として東京で創業された。輸送速度を生かした鮮魚の輸送や三越との市内配送契約などによって業績を伸ばした。

一九二七年、ロンドンで開催された万国自動車運輸会議に参加するために渡英した小倉康臣氏は、ロンドンを中心にバーミンガムやグラスゴーなどにトラック定期便を運行していたカーターパターソン社を視察して新規事業のヒントを得た。すなわち、同社の定期便が集荷、輸送、配達の一貫システムによってドア・ツー・ドアのサービスを提供していることに注目し、「帰国後は日本にもこの方式を導入し、先鞭をつけたい」と決意する。一九二九年、東京・小田原間に会社から出る小口貨物を積み合わせる定期便のトラック輸送を開始した。この事業は次第に路線を拡張し、一九三五年には関東一円のネットワークを完成し、総路線営業キロは一〇八一キロに及んだ。しかし、戦争中はガソリンをはじめ資材が欠乏し、五〇キロメートル以上のトラック輸送は禁止され、また軍需輸送に傾斜していくなど、本来の業務は縮小された[13]。

終戦と同時に新たに進駐軍関係の輸送事業や国鉄のオフレール業務である通運事業に参入したが、主力業務はやはり路線トラックであった。尚、軍隊から復員した小倉氏は東京大学経済学部に復学し、卒業後の一九四八年、ヤマト運輸に入社している。ただし、氏は入社一ヶ月で不幸にも病を得て二年半の闘病生活を余儀なくされた。

終戦後、日本のトラック運送市場に大きな変化が生じた。すなわち、東京・大阪間のような長距離輸送に対する需要が大きくなり、東海道はゴールデン・ルートと呼ばれた。とりわけ、家電などの工業製品の生産地である関西から消費地である東京への輸送需要は爆発的に伸びた。

このような長距離輸送のメインは、従来、鉄道輸送であったが、トラック輸送に対して次第に競争力を失っていった。その原因は、第一に、道路の改良とトラックの性能向上によってトラックによる輸送能力が大きくアップしたことである。第二に、鉄道は貨物駅での荷物の積み下ろしや操車場における貨物列車編成に時間がかかり、しかも出発時刻が決められていたから、走行中はトラックよりも高速ではあっても、ドア・ツー・ドアベースの輸送時間では必ずしもトラックに対して競争優位性をもたなかったことである。第三に、出荷単位が大きくなって、トラックが荷物を満載して走れるようになると、運賃も下がり、ここでも鉄道の競争優位性は失われていった。

このようなトラック業者にとって有利な長距離輸送市場の大きな変化に対して、すばやく適応したのが西濃運輸、福山運輸、日本運送などの西日本のトラック業者であった。これに対して、東日本のヤマト運輸は出遅れた。この間の事情を小倉氏は次のように述べている。すなわち、

「市場は大きく変化しつつあった。にもかかわらず、ヤマト運輸は相変わらず関東一円のローカル路線に閉じこもっていた。というのも、社長である康臣が、トラックの守備範囲は一〇〇キロメートル以内でそれ以上の距離の輸送は鉄道の分野だ、と固く信じていたからである。私を筆頭に社内の若手は長距離輸送への進出を懇願したが、康臣は断固として許さなかった(14)」と。

ヤマト運輸が東京・大阪間の路線免許を取得して、大阪支店が営業を開始したのが一九六〇年であり、同業者に遅れること約五年であった。主な荷主は既に同業者に抑えられた後であって、苦戦が続いた。経常利益は低下しつづけ、売上高経常利益率は一九六〇年度の三・一%から一九六五年度には一・七%に低下した。

②事業戦略レベル…業績悪化の原因分析

小倉氏は西濃運輸など関西のトラック業者が軒並み高い利益率を上げる中で、ひとりヤマト運輸が低い利益率しか上げられない原因を分析した。氏が達した結論は、ヤマト運輸は大口貨物中心であり、関西の同業他社に比べて小口貨物の扱いが少ないということであった。

トラック運賃は原則的に長距離逓減と重量逓減の方式に従っている。すなわち、遠距離であるほど、また重量物であるほど相対的に運賃は安くなる。距離に関しては、各社条件は一定であるが、重量に関しては各社ごとの差があることを小倉氏は発見した。

運賃の計算は一口ごとに行う。一口は二四キログラムのダンボール何個から構成されているかによって、五個口とか五〇個口とか呼ばれる。したがって、五〇個口は一二〇〇キログラムの重量の荷物であり、五個口は一二〇キログラムの荷物である。一九七四年の認可運賃表によれば、東京・大阪間で五〇個口の荷物の運賃は一一〇〇〇円であり、五個口のそれは一五〇〇円であった。

小倉氏はここで一個あたりの運賃に注目した。すると、五〇個口の場合は二二〇円、五個口のそれは三〇〇円になる。大口貨物の実勢運賃は認可運賃よりも一割安いことを考慮すると、五個口の荷物は五〇個口のそれよりも一・五倍も高いことを見つけ出した。すなわち、大口貨物は小口貨物に比べて運賃収益の上で相対的に不利であることが発見された。小倉氏は次のように述べている。すなわち、

「私の観察では、営業利益率が七％以上の路線会社の荷筋は一口五個以下の貨物が多かった。五％以上の会社は大体一〇個以下であった。ヤマトは五〇個前後が多い。これでは利益率が低いのは当たり前である。[15]」と。

小倉氏は従来までの大口貨物中心から小口貨物中心に切り替えようと努力するが、かつて小口貨物の取り扱いを求められた荷主に対して、手間がかかるからという理由で断った過去の負の遺産は大きく、荷主の多くはまったく相手にしてくれなかったという。ただし、この分析が後の宅配便事業の創造に一つの有力な根拠を与えたことはいうまでもない。

③事業インフラレベル…業務システムの改善

業績悪化、過小資本、借金だらけの財務、古い設備、作業効率の低さ、険悪な労使関係、といったことが悪循環を起こしていると事業インフラを現状分析した小倉氏が打った手は業務システムの改善による労働生産性の向上であった。

すなわち、一九六五年にトレーラーシステムを一セット導入した。これによって起点と終点にトレーラーを一台ずつ停車させて荷物の積み下ろしを行い、その間、トラクターは荷物を積んだトレーラーを牽引して起終点間を往復することで一日中稼動することが可能になった。次いで、一九六七年に「乗り継ぎ制」という運行形態を採用した。これによって運転手の拘束時間が大幅に減り、労働時間を短縮した。その他、運転業務と荷役業務の分離、ロールボックス・パレットによるユニット・ロード・システムの採用などが実施された。これらの業務上の改善は宅配便事業の創造後も受け継がれ、ヤマト運輸の競争優位性の一環を構成している。

④事業戦略レベル…多角化戦略の失敗

既述のように、戦前のヤマト運輸は近距離トラック輸送に専業化していた。戦後は一転して多角化に乗り出した。すなわち、国鉄の通運事業、百貨店の配達業務の下請け、航空貨物、海上貨物、梱包などの事業に次々に参入していった。これらの新規事業の中でも、とりわけ関東地区の百貨店配送は、一九五九年には、会社全収入の二一％に達した。これに対して、戦前からの近距離トラック輸送は五〇％を割るに至った。

多角化戦略は営業収入の順調な伸びと、比較的良好な経常利益率（一九六〇年度で三・一％）となって成果をもたらした。しかし、これらはもっぱら新規事業によってもたらされたもので、基幹事業であるトラック輸送事業は業績悪化が続いていた。

一九七〇年、ヤマト運輸は、創業者の小倉康臣氏から小倉昌男氏に社長が交代した。しかし、この頃からトラック輸送事業ばかりではなく、会社全体の業績がはっきり悪化してきた。多角化戦略による企業成長は行き詰まってきた。

その原因は、第一に、国鉄の斜陽化による貨物取扱数量の低下によって通運事業の業績が悪化したことである。

第二に、百貨店配送事業の業績が悪化した。すなわち、配送個数の増加に伴って配送所の常時設置や配送用の自転車の自社保有などによって固定費が増え、損益分岐点が上昇した結果、中元と歳暮の時期以外の平月には赤字が出るようになったのである[16]。

これらの原因に加えて、この時期、ひとりヤマト運輸ばかりではなく、日本の企業全体の業績を悪化させた事業環境要因があった。すなわち、一九七三年の第一次石油危機、いわゆるオイルショックである。オイルショックは流動貨物の減少をもたらし陸運業全体に大きなダメージを与えた。

ヤマト運輸も、もちろん、その例外ではなかった。オイルショックは大幅な減収減益をもたらし、一九七四年には緊急不況対策として社員の新規採用の中止、臨時職員の削減を実施した。ただし労働組合員の解雇は全く行わなかった。

戦後のヤマト運輸が追及してきた多角化戦略が行き詰まりを見せ始めた一九七〇年に社長に就任した小倉氏は、一九七二年一〇月、「多品種少量輸送のシステム化構想」を提案する。これが後の宅配便事業の創造に結びついた。

2　宅配便事業創造における知識創造プロセス：ヤマト運輸

上述のような知のコンテクストのもとで、ヤマト運輸の宅配便事業はどのように構想され、創造されたのであろうか？

①既存市場では「負け犬」という自社の現状認識

長距離輸送市場を中心に成長してきた戦後日本の商業貨物のトラック輸送市場において、ヤマト運輸は西濃運輸、福山運輸などのコンペティターに対して強みを持っていなかった。

その原因の第一は、既述のように、市場参入のタイミングが遅かったために、有力な顧客を既存の業者に抑えられていたからである。その遠因は近距離輸送を中心とした戦前のトラック輸送市場への過剰適応と創業者の感情的な撤退障壁であった。[17]

第二は、本社所在地の違いによる人件費の差である。すなわち、ヤマト運輸は本社が東京であるのに対して、他の主要な路線トラック会社は、日本通運と西武運輸を除いて、本社は全て地方である。小倉氏は一人あたりの月給ベースで平均5000円は違うのではなかろうかと述べている。[18] 運送業は労働集約産業であり、コストに占める人件費の割合は六〇％近いから、この差は致命的である。

第三は、従来の競争戦略の失敗である。創業者である小倉康臣社長（当時）を説得して東京・大阪間の長距離トラック輸送市場に参入したヤマト運輸は、小倉昌男氏の陣頭指揮で参入の遅れを取り戻すべく奮闘するが、このとき小倉氏が採用した競争戦略は、大口貨物の運送に注力することであった。氏は言う。

「私は、手間がかかり、コストが割高だと思われた小口の荷物を断るように現場を指導した。それが大きな過ちであるとは、このときは想像もつかなかった。[19]」と。

既述のように、当時のヤマト運輸がコンペティターに比較して低い利益率しか上げられない原因について分析の結果、氏が到達した結論は、収益性の高い小口貨物の扱いが少ないということであった。

②新市場の発見

既存市場では「負け犬」と現状認識した場合、現状打開のために一般的に二つの選択肢がある。すなわち、一つの選択肢は、既存の事業戦略の範囲内で業務システムの改善など事業インフラの効率化に注力することであり、もう一つの選択肢は、新市場の発見に基づく新規の事業戦略（ビジネス・モデル）の創造である。

これらの二つの選択肢は、相互に排他的ではない。実際、ヤマト運輸は、既述のように、長距離トラック輸送事業を前提に、各種の業務システムの改善に取り組んだ。これらの改善は、宅配便事業においても重要な競争優位性をもたらす要因の一つになっている。もちろん、これら業務システムの改善の成果を生かすために新規の事業戦略を創造したということではない。

これら二つの選択肢のいずれを採用するかは、事業創造にとって決定的に重要である。通常、ヤマト運輸の事例にも示すように、先ず第一の選択肢を採用・実行してみて、現状打開が不可能という学習に基づいて「見切り」をつける（必ずしも即時撤退ということではない）とき、第二の選択肢が採用されるようである。

さらに、新市場の発見は、既存市場に関する深い現状分析と、輸送市場を商業貨物と個人生活関連の輸送市場に類型化し、体系的に比較対照するといったように、その一般的な概念化・モデル化からもたらされることをヤマト運輸の事例は示唆している。新市場と既存市場は、あたかも写真のネガとポジのように対照的に認識され、両市場は、いわば同時に発見されるのである。

既存事業に対する「見切り」を促進する要因は、ヤマト運輸の事例に示すように、第一に急激な業績の悪化である。第二は、新市場であれば「スター」になりうる可能性である。すなわち、一方で、自社の強みや自社に有利な業界構造の特質である。他方で、新市場の潜在的な成長可能性である。

小倉氏がヤマト運輸の強みと考えた要因は、百貨店配送のノウハウであった。「仕事を変えるとすれば第二の市場、つまり個人の荷物の宅配が頭に浮かぶ。百貨店配送のノウハウを持っているヤマト運輸なら参入できるかもしれない。[20]」

個人生活関連の小口貨物の輸送市場には強力なライバルがいなかった。ヤマト運輸が宅配便事業を創造する以前は、家庭からの小口荷物は、郵便小包と鉄道の手小荷物によって輸送されていたが、後者は国鉄の累積赤字によって廃止の方針であったから、事実上、郵便小包の独占市場であった。小倉氏は『ヤマト運輸七〇年史』の中で次のように述べている。すなわち、

「私は、このマーケットは大変におもしろいと思った。なぜかというと、競争相手がいないのです。親方日の丸が二社あるが、サービスが非常に悪く、田舎から柿を送っても、東京に着くのに一週間もかかってみんな腐ってしまう状況ですから、ここへ参入すれば、すぐにもおさえられる予感がしました。」と。

当時、小口貨物輸送の市場規模は、郵便小包と国鉄の鉄道小荷物を合わせて約二億五〇〇〇万個と見られていた。小倉氏は、仮に一個五〇〇円とすれば、一二五〇億円の市場であり、「ヤマト運輸が食べていくには十分な規模」と判断した。同時に、東京都中野区で小荷物の需要調査も実施し、潜在的な市場は十分にあると判断している。

③ブレークスルー

小口貨物の輸送市場には強力なライバルがいなかった最大の理由は、この市場におけるビジネスが同業他社によって採算性が悪いと判断され、民間企業の参入がゼロであったためである。その理由は、既述のように、宅配需要の偶然性と非定型性にあると小倉氏は考えた。すなわち、次のように述べている。

「どこから需要が発生するのか、どのくらい需要があるか、全く予想がつかないのが個人の宅配市場である。しかも荷物の全てが一個口であるから、ひどく効率が悪い。たしかにこれでは採算性などまったく考えられない。当時、業界ではこんな考え方が常識であった。(21)」

新市場で「スター」になるためには、業界の常識を破って、このような市場特性にイノベーティブな変革を加える必要があった。このブレークスルーを促進する要因は、ヤマト運輸の事例によれば、次のようであった。

第一は、常識を疑う問題設定と多様な発想のレベルからの一般解の導出である。すなわち、小倉氏の場合、「個人の宅配需要は、はたして本当に偶発的で散発的なのであろうか」という問題設定をした。それに対する小倉氏の一般解（氏は「仮説」と呼ぶ）は、次のとおりである。すなわち、

「人間が生活しその必要から生じる輸送の需要は、個々人から見れば偶発的でも、マスとして眺めれば、一定の量の荷物が一定の方向に向かって流れているのではないか。個々の需要に着目しているうちは対応の仕方がわからないが、マスの流れに着目すれば、対応の仕方があるのではないか。[22]」

第二に、一般解から中間解の導出である。[23] 小倉氏は、一般的な解を一種のメタファーに置き換えて、さらなる発想を刺激し、そこから中間レベルの解を導出している。すなわち、

「商業貨物の輸送は、たとえてみれば、一升枡のような大きな枡を持って工場に行き、豆を枡に一杯に盛り、枡を運ぶようなものである。一方、個人の宅配の荷物の輸送はというと、一面にぶちまけてある豆を、一粒一粒拾うことから仕事が始まる。拾わない限り、仕事は始まらない。どうすればそんなことができるだろう。たとえば、ターミナルに配属された一〇トントラックで工場に集荷に行く代わりに、住宅地に設けた小さな営業所から、小型トラックを一〇台出して住宅や商店をこまめに回って荷物を集めたらどうか。[24]」

小倉氏は同様の思考実験を通じて取次店の設置を着想している。さらに、後述するように、旅客航空事業におけるハブ・アンド・スポーク・システムとのアナロジーを通じて、ベース、センター、デポから構成される小口貨物の集配ネットワーク・システムを構想するに至っている。

このようにしてヤマト運輸は様々なブレークスルーを積み重ねながら「宅急便」という新しい事業戦略とそれを効率的に実現できる事業インフラの両面で大きな事業創造を成し遂げたのである。

3 「ダイレクト・モデル」創造における知のコンテクスト：デル・コンピュータ(25)

デル・コンピュータ社（Dell Computer Corporation 以下デル・コンピュータ）は、会長兼ＣＥＯのマイケル・デル（Michael Dell）が一九八四年にテキサス大学オースチン校の学生寮内で創業したＰＣズ・リミテッド社（PC's Limited）を一九八七年に社名変更した企業である。本社はテキサス州の州都であるオースチン市にある。同社の一九九八年の売上高は約一八二億ドルであり、世界第二位のシェアを持つ。

①事業インフラ…マイケル・デルの生い立ち

既存事業の中から事業者が事業創造を行う場合に比較して、創業者による事業創造の場合、創業者の才能やパーソナリティー、学歴・職歴、あるいは家庭環境など、創業者の個人的なコンテクストがその知識創造のコンテクスト全体に占めるウェイトは非常に大きいであろう。

マイケル・デルはテキサス人である。少年時代をヒューストンで過ごしているが、この時期、いくつかの逸話を残している。

小学校三年生のとき、雑誌の裏表紙に掲載されていた「簡単な試験に合格するだけで、高卒の資格が取れます」という広告に応募した。もちろん成功しなかったが、その頃のマイケル・デルはせっかちで好奇心が強く、何をやるにしてももっとすばやく簡単にできる方法があるなら試してみたかったと述懐している。そしてこの逸話を彼が創造したビジネスモデルである「ダイレクト・モデル」のルーツに置いている。すなわち、

「幼い頃から、私は不必要なステップを省略するのが大好きだった。だから、私が卸売業者の排除を基本とする会社を設立したのも、当然といえば当然だと思う。[26]」と。

マイケル・デルの家庭はヒューストンの中産階級で、教育に熱心であるとともに、ビジネスチャンスに対するセンスを常に磨く雰囲気があったという。すなわち、

「私が育った家庭では、ビジネスチャンスというものに敏感にならざるをえなかった。一九七〇年代当時、私たちの家では、連邦準備制度議長がどんな行動をとり、それが金利にどう影響するか、オイルショックがどうなるか、どの企業に投資すべきか、どの銘柄を売りどの銘柄を買うかといったテーマが食卓の話題となったのである。[27]」

十二歳のときマイケル・デル少年は友人の父親が熱心な切手のコレクターであったことから切手収集に関心を持ち、資金稼ぎにアルバイトをし、切手情報誌を読むようになった。その情報誌から切手の価格が上昇していることを知り、ビジネスチャンスを嗅ぎつけた。すなわち、マイケル・デル少年は近所の人から切手を預かり切手専門誌に広告を出して切手のオークションを開催し、二〇〇〇ドルを稼いだ。「私は、中間業者を排除することがいかに大きなメリットになるかを早くも思い知らされた」と述懐している。

②事業環境レベル…ＰＣ市場の誕生と成長

マイケル・デルが初めてパソコン・ユーザーとなったのは十五歳の誕生日であった。このときのパソコンは「アップルⅡ」である。

パソコンのルーツは、一九七四年四月に米国のインテル社が発表したマイクロプロセッサー「八〇八〇」を搭載したＭＩＴＳ（Micro Instrumentation and Telemetry Systems）社の組立キット「アルテア（ＡＬＴＡＩＲ）

八八〇〇」であるといわれる。一九七六年八月に発売されたＮＥＣの「ＴＫ―八〇」を含めてこれら初期のパソコンは、今日われわれが目にするパソコンとは違って、いずれも完成品ではなく、組立キットであり、モニタ、キーボード、外部記憶装置といった周辺機器、さらにはコンピュータ言語（プログラム言語）も、ましてやコンピュータ・プログラムも備わっていなかった。これらの周辺機器やソフトウェアは初期のユーザーやパソコン・メーカーによって開発・提供された。

初期のパソコン、周辺機器、コンピュータ言語等は、やがて単体としてまとめられ、今日のパソコンに一歩近づいた形で提供されるようになった。一九七七年四月一五日～一七日開催の第一回ＷＣＣＦ（The First West Coast Computer Faire）には、モニタとカセットデッキの外部記憶装置を備えたカナダのコモドール社の「ＰＥＴ」、モニタとしてテレビ受像機を使用して六色のカラー表示を可能にし、外部記憶装置としてフロッピーディスク・ドライブを備え、独自のＢＡＳＩＣをＲＯＭに搭載したアップルコンピュータ社の「アップルⅡ」が発表された。

「アップルⅡ」は、ハードウェアの技術仕様を全面的に公開するオープン・アーキテクチャー方式を採用したので、サードパーティーによる増設ボードや周辺機器の開発と提供を促した。オープン・アーキテクチャー方式の採用はまた、アプリケーション・ソフトの開発と提供を促進し、「アップルⅡ」のユーザーは、約一六〇〇〇種類に及ぶアプリケーション・ソフトを利用できるようになった。とりわけ一九七九年一〇月に発売された表計算ソフト「ビジカルク（VisiCalc）」は、ハーバード・ビジネス・スクールのダニエル・ブルックリンとＭＩＴのボブ・フラクストンという二人の学生によって開発され、最終的に一〇〇万本を売り上げるという爆発的なヒット商品になった。当初、「ビジカルク」は、「アップルⅡ」専用であったので、「ビジカルク」を使いたいがために「アップルⅡ」を購入するという現象が起きた。

同様の現象は、さらに大規模に「ＩＢＭ―ＰＣ」についても発生した。すなわち、一九八一年八月に発表された「ＩＢＭ―ＰＣ」は、「アップルⅡ」よりも強力なインテル社製の十六ビットマイクロプロセッサー「八〇八八」を搭載し、三〇〇〇ドルで売り出された。

マイケル・デルもさっそく「アップルⅡ」から「ＩＢＭ―ＰＣ」のユーザーにかわった。すなわち、「一九八一年、ＩＢＭが最初のパソコンを発売すると、私はすぐアップルからＩＢＭに乗り換えた。その時点ではアップルで動くゲームソフトの方が多かったが、ＩＢＭ―ＰＣの方が高性能で、ビジネス用のソフト、プログラムを備えていた。私はビジネスの経験が豊富だったわけではないが、今後、ビジネス用途で選ばれるのはＩＢＭ―ＰＣの方だろうというのは十分すぎるほど分かっていた。」[28]と。

「ＩＢＭ―ＰＣ」も「アップルⅡ」同様に、オープン・アーキテクチャー方式を採用した。その一つの結果として、「ビジカルク」よりも大幅に機能が拡張された統合表計算ソフト「ロータス１―２―３」がジョナサン・サックスとミッチェル・ケイパーによって開発され、彼らが設立したベンチャー企業のロータスディベロップメント社から発売され、たちまち大ヒット商品になった。ここでも「ロータス１―２―３」を使いたいがために「ＩＢＭ―ＰＣ」を購入するユーザーが相次いだ。

「ＩＢＭ―ＰＣ」は、一九八〇年、当時のＩＢＭ会長兼ＣＥＯであったフランク・ケアリーの指示によって、ビル・ロウを開発責任者として開発が始まった。当時、パソコン市場で最も大きなシェアを占めていた「アップルⅡ」に対抗するために、一方で上述のごとくオープン・アーキテクチャー方式の採用によってサード・パーティーやユーザーによる開発参加を促した。それとともに、ＩＢＭは「アップルⅡ」の市場開発のスピードに対抗するために、開発期間を一年間と短縮し、発売時期をできるだけ早める競争戦略を採用した。その結果、部品の多くが外部発注され、ＩＢＭ社の内製部品はキーボードなど一〇％未満であったという。これは従来までのＩＢＭ社の主力商品であるメインフレーム・コンピュータのビジネスでは考えられない方法であった。外部発注されたものの中にはマイクロプロセッサー（インテル社製の「八〇八八」）やオペレーティング・システム（マイクロソフト社製の「ＭＳ―ＤＯＳ」）といったパソコンの中枢部分もあった。さらに部品や周辺機器の外部発注先は、華僑ネットワークのバックアップも得て、アジア、とりわけ台湾に集中した。「ＩＢＭ―ＰＣ」の発売に続く一九八二年から一九八三年にかけて新規のモデルと参入企業の数はピークに達した。

「ＩＢＭ―ＰＣ」は大ヒットし、パソコン業界トップの地位をアップル社から奪った。一九八四年までに米国のパソコンの四台に一台以上がＩＢＭ製になった[29]。インテル社とマイクロソフト社は、「ＩＢＭ―ＰＣ」のビジネスを通じて今日の巨大な地位を築き上げ、その製品は業界標準になっていった。台湾のパソコン関連産業は今日の「電脳王国」に至るテイク・オフに成功し、エイサー（宏碁電脳）、マイタック（神達電脳）、マイクロテック（全友）、エリート（精英電脳）といった有力企業を生み出した。台湾は今や、モニタ、マザーボード、キーボード、グラフィックカード、モーションビデオカード（ＭＰＥＧなどの動画再生用カード）、スキャナ等のパソコン関連製品で世界第一位の生産国になっている。「ＩＢＭ―ＰＣ」をきっかけに、パソコン業界における国際分業と企業間の国際提携が大きく進展したのである。

またアッターバック（James M.Utterback）によれば「ＩＢＭ―ＰＣ」はデザインと操作方法の統一、製品規格の収斂を促し、「ドミナント・デザイン」をパソコン業界にもたらした。すなわち、モニター、ＱＷＥＲＴＹ式キーボード、ＯＳ、ＣＰＵ、ディスク・ドライブ、内蔵ハードディスク・ドライブ、バスなど今日のパソコンの標準的な構成と規格は「IBM—PC」の遺産である(30)。

要するに、パソコン業界は製品の標準化、技術的な標準化が進み、グローバルな規模でのバリュー・チェーンが形成されはじめるなど次第に成熟の度を深めていた。

4 「ダイレクト・モデル」創造における知識創造プロセス：デル・コンピュータ

①ビジネスチャンスの発見

「IBM—PC」のユーザーになったマイケル・デルは様々な周辺機器を搭載してはアップグレードをはかり、それを売却して新しいパソコンを購入するというサイクルを繰り返しながらパソコンについての学習を深めていった。

一九八二年六月にテキサス州ヒューストンで開催された「全米コンピュータ・カンファレンス」(National Computer Conference : NCC)に出かけたマイケル・デルはシーゲート社のブースで世界初の五メガバイトのハードディスクを見つけた。後に購入したハード・ディスクを使って電子掲示板(BBS)を立ち上げ、パソコン・ユーザーと情報交換する中からマイケル・デルはビジネス・チャンスを発見する。すなわち、パソコンは法外な販売価格と利益が設定されていることを知るにいたる。当時、ハイスクールの学生であった彼の思考プロセスを少し長いが引用してみよう。

「通常、IBM—PCの店頭での販売価格は約三〇〇〇ドルだった。だが、部品は六〇〇～七〇〇ドルで調達できるし、IBM独自のテクノロジーが使われているわけでもない(コンピュータを分解・アップグレードしていたおかげで、各パーツがどれくらいの価格で、どこのメーカー製なのか私には分かっていた)。私には、これはあまりに不合理な話に思えた。

もう一つおかしいと思ったのは、コンピュータショップを経営している人が、パソコンに関してほとんど知識を持っていない点だった。たいていの場合、彼らはオーディオや自動車の販売に携わっていた人だった。(中略)ヒューストンには、コンピュータ関係のショップが何百軒も誕生していた。この種の店は、IBM―PCを約二〇〇〇ドルで仕入れて三〇〇〇ドルで販売し、一〇〇〇ドルの利益を得ていた。しかも、顧客に対してほとんど何のサポートも提供していない。それなのに、人々がコンピュータを買いたがるというだけの理由で、膨大な儲けを手にしているのだ。

当時、すでに私はこうしたショップで売っているマシンとまったく同じ部品を購入し、自分のマシンをアップグレードして売っていた。私は悟った。これをもっと大規模にできれば、ちまたのコンピュータショップと本当に勝負できる。それも価格だけではなく品質の点でも……。」[31]

一九八三年、両親の強い希望でテキサス大学オースチン校の医学部進学課程に入学したデルは、講義から帰ると寮の自室でパソコンのアップグレードに励んだ。過剰在庫となっていたコンピュータ部品を地元のディーラーから仕入原価で買い取り、コンピュータに組み立てて友人や仲間に売りさばいた。これがPCズ・リミテッド社創業の発端であり、月に五万ドルから六万ドルの売上があったという。

マイケル・デルによる学生ベンチャー・ビジネスの背景には、次のようなPC市場の変化があった。すなわち、この当時、IBM、コンパック、アップル・コンピュータなど大手のコンピュータ・メーカーの正規ディーラーは、毎月一定数量のコンピュータ購入契約をメーカーとの間で交わしていた上に、メーカーから転売を禁じられていたために、製品や部品の小売在庫がダブついていた。ディーラーはこれら売れ残りの仕入商品をグレーマーケットに流して仕入原価を回収していた。デル・コンピュータをはじめパソコン業界の「ダイレクト・マーケター」にはこういった在庫処分品の販売から市場参入したケースが多いという。

②プロセス・イノベーションとしての「ダイレクト・モデル」

マイケル・デルによればデル・コンピュータのビジネス・モデルは「ダイレクト・モデル」と呼ばれている。ダイレクト・モデルの第一の特徴は顧客への直接販売である。当時のコンピュータ・メーカーは最も大規模な得意先に対しては直接販売を行っていたがそれ以外の顧客に対しては卸売り・小売を経由する伝統的な流通チャネルを利用していた。これに対してデル・コンピュータはすべての顧客に直接販売を行った。その結果、メーカーから流通業者、流通業者から顧客をそれぞれ担当する営業部隊が必要であるのに対してメーカーから顧客を担当する営業部隊だけになった。

通信販売、訪問販売、テレフォン・ショッピングなどのように、メーカーや生産者が小売店舗を通さずに消費者に直接販売することを「ダイレクト・マーケティング」ということから、デル・コンピュータを含むこれらの企業は「ダイレクト・マーケター」(direct marketer) 呼ばれることがある。

デル・コンピュータは創業とともに全国版のパソコン雑誌に広告を掲載し、フリーダイヤルで注文を受け付けるダイレクト・マーケティングを開始した。注文は殺到した。一九八四年頃でデル・コンピュータ製のパソコンはＩＢＭ製よりも五〇～六五％も低価格であった上に、ユーザーの注文に応じて組み立てられた独自仕様のパソコン本体ばかりでなく、モニタなどの周辺機器、ソフトウェアに至るまで一括して、電話一本で簡単に手に入れることができたからである。

一九八〇年代の終わりから一九九〇年代の初めにかけてＣＥＲＮ（欧州原子力研究機関）のティム・バーナー

ズ・リーによるＷＷＷシステムの開発とイリノイ大学の学生であったマーク・アンドリーセンらによる「モザイク」と呼ばれるブラウザの開発によってインターネットは標準的な情報共有・交換手段に進化した。デル・コンピュータでは一九八〇年代後半に技術サポート部門の一部がＦＴＰサイトをすでに立ち上げてインターネットによる顧客サービスをはじめていたが、一九九四年にはＷＷＷサイト（www.del.com）を立ち上げて、技術サポート情報、サポート用のメールアドレスなどを提供するようになった。一九九五年にはオンライン見積作成システムを導入された。このシステムによってサイトを訪れた顧客は自分でデバイスや周辺機器を様々に組み合わせて自分の予算に合ったパソコンを電話で注文することができるようになった。一九九六年にはデスクトップ型およびノートブック型のパソコン、そしてサーバーをインターネット上で販売を開始した。一九九六年十二月にはオンラインの売上高は一日一〇〇万ドルに達した。「インターネットによってダイレクト・モデルはもっとダイレクトになる」とマイケル・デルは述べている。

　デル・コンピュータのビジネス・モデルの第二の特徴は受注生産である。他のコンピュータ・メーカーが見込み生産であったのに対して、デル・コンピュータは顧客からの注文によってウォンツを正確に知った上で製品を製造していた。それを可能にした技術的な背景は、「チップセット」の開発に示される部品のモジュール化であったといえよう。すなわち、デル・コンピュータの創業当時（一九八〇年代の中頃）、ゴードン・キャンベルがインテル製二八六プロセッサをベースにしたパソコンを作るのに必要な二〇〇個のチップを五、六個のＡＳＩＣ（特定用途向けＩＣ）に統合するというアイデアに基づいてチップス&テクノロジー社を興していた。チップセットによってパソコンの設計が非常に簡単になり、パソコン製造事業への参入障壁が低くなった。その結果、デル・コンピュータはＩＢＭ―ＰＣのグレード・アップを超えてオリジナル仕様のパソコンを設計・組み立て・販売することができるようになったのである。

デル・コンピュータのビジネス・モデルの第三の特徴は在庫の最小化である。他社が卸売・小売の流通チャネルからの発注に応えるために大量の在庫を必要としたのに対して、デル・コンピュータの場合は顧客が望むものを望むときに製造するので大量の在庫を必要としなかった。その結果、デル・コンピュータは在庫コストが最小になり、他社に対する価格競争において優位にたつ大きな要因の一つになった。

デル・コンピュータのビジネス・モデルの第四の特徴は徹底した顧客志向性である。デル・コンピュータは、パソコン購入後に発生する様々なトラブルや苦情に対処するための効率的な体制を整えている。すなわち、莫大なコストのかかる直営アフター・サービス網を全国展開する代わりに、既に展開を終えているハネウェル（後にゼロックス）との業務提携によって、デル・コンピュータ製パソコンの修理・補修マニュアルどおりのサービス代行を委託し、全米どこでも安心してユーザーがデル・コンピュータのアフターサービスを受けられるようにした。今では、トラブルの九三％は電話で約六分以内に解決できるが、解決できない場合でも、正規修理員が二四時間以内（大都市であれば二時間以内）に現場に駆けつけることができるという。

このようにデル・コンピュータ社は、顧客満足のために大きなエネルギーとコストを投入している。三〇日以内の自由な返品を保障する「マネーバックシステム」と呼ばれるクーリング・オフ制度、ユーザーからの電話に五分以内に専門のサービス員が応対しなかった場合、お詫びに二五ドルの小切手が支払われるという制度がある。

デル・コンピュータの顧客データベースも顧客満足に大きく寄与している。デル・コンピュータは広告予算の多くをパソコン雑誌に投入しているが、多くの雑誌で読者の注目度が高い裏表紙のスペースを確保している。ここにデル製品の最新カタログ進呈の折り込み葉書を付ける。この申請葉書には、カタログ請求者つまり見込み客が自分について住所、氏名、役職などを記入する欄とともに、一番興味のある製品、会社が一年以内にパソコンを購入する計画の有無、コンピュータの使用目的、リースへの関心の有無といった質問項目が記載されている。デル・コンピュータ社は、この製品カタログ申請葉書で顧客データを収集する。さらに、フリーダイヤルでカタログ請求やコンピュータ発注をしてくる顧客に対しても請求葉書と同じ内容の質問をしてデータを集める。この顧客データはデータベース・マーケティングの基礎となる。すなわち、

「いったん顧客としてデルのデータベースに入力されると、毎回電話するたびに最高級の待遇にあずかる。ほんのわずかキーを叩くだけで、電話を受けてくれた電話営業担当員は、これまでの全取引と会社の記録、たとえばあなたが何者で、何の職業で、最初に問い合わせたのがいつで、いつ何を買ったか、前回はどのようなシステム構成を考えていたか、技術的にはどういうことに関心があるかなどを、スクリーンに呼び出すことができる。電話営業担当員は画面を一見するだけで、あなたの持っている機器が何なのか、修理の記録はどうかなどを見て取り、そのニーズに対して何を注文すればよいか、すでに持っている物と一緒にうまく機能させるには何がいいかをちゃんと教えてくれるのである[32]。」。

事業創造にあたって企業家の知のコンテクストを構成する要因の第一は、参入しようとする業界あるいは市場セグメントの成熟度であろう。業界の成熟度は、例えばポーターの「業界進化プロセス・モデル」[33]に示すような多様なサブプロセスの成熟度を分析することから総合判断するか、マイケル・デルのように業界への関与の中から直覚的に「嗅ぎつける」ことによって認識されるであろう。製造業における業界成熟化の程度を判断する有力なインディケーターの一つは製品ないし製品デザインの標準化である。

アバナシーたちによれば、「商品は一連のテクノロジーの選択の結果であり、それぞれの選択は一つの「デザ

イン・コンセプト」を推進するために行われたものなのである」[34]と述べる。「デザイン・コンセプト」とは、「テクノロジー上の用語としては製品の基本的な機能用件（すなわち「パラメーター」）に対するある特定のアプローチのことであり、市場の需要との関係では、製品の市場に関連する諸特性（すなわち「属性」）に対するある特定のアプローチのことである」[35]と定義している。

一群のデザイン・コンセプトの中核にあって、デザイン・コンセプト全体の性格を大きく左右しているのが、「デザイン・コンセプト中のデザイン・コンセプト」とも言うべき「コア・コンセプト」である。技術や市場の条件変化がコア・コンセプトに及ぶとき、デザインコンセプト全体の大変革が生じる。

デザイン・コンセプトがコア・コンセプトと従属コンセプトに階層分化するようにコア・コンセプト間に階層分化が生じることによって「ドミナント・デザイン」が出現する。例えば、初期の米国自動車業界の場合、創生期のT型で成し遂げた、ガソリンエンジン、前置き、後輪駆動、左ハンドル、は全体として製品の「ドミナント・デザイン」の構成要素、つまり、特に重要なコア・コンセプト群といえるだろう。

アバナシーたちは「デザイン・コンセプト」「コア・コンセプト」「ドミナント・デザイン」の概念によって製造工程と製品の組み合わせである「生産ユニット」あるいは「生産セグメント」の進化を説明しようとした。彼らによれば生産ユニットの進化は製品デザインの標準化から製造工程の標準化へと進行するという。すなわち、「生産ユニットの発展の初期は、競争はおおむね製品の性能に基づき、また技術の基本的な変化は競争ポジションの変化と密接に結び付いているが、生産のフレキシビリティこそが不可欠である。コア・コンセプトが現れ、コア・コンセプトが座を占める機能的階層を安定化させた後になって、すなわち製品デザインの標準化が達成されてはじめて、生産プロセスは標準化を開始する。製品がデザインの成熟の段階をかなり前進させてはじめて、プロセス技術の変化率は製品そのものの変化率を追い越しはじめるのが通例である。[36]」

アバナシーたちの分析フレームは部分修正すればそのままパソコン業界にも該当するであろう。部分修正を施すべき個所は、「生産ユニット」を製造工程からバリュー・チェーン全体に広げることであり、とりわけ流通プロセスを含めることである。このように拡張された分析フレームに基づけば、マイケル・デルによる事業創造が本質的にプロセス・イノベーションであったことが理解できる。

5 考察：事業創造における知識創造とそのコンテクスト

①「不連続知」の創出

事業創造の本質的な特色は事業戦略における大きな「不連続性」を創出することである。戦略経営論のコンフィグレーション・スクール[37]における「量子的跳躍」(quantum leap)の概念はこのような大きな「不連続性」を意味している。事業創造の契機が企業あるいは事業単位レベルの業績悪化であれ、市場・業界レベルのビジネス・チャンスであれ、事業創造は新しいビジネス・モデルという従来とは大幅に異質で不連続な知を創造する。「知の不連続性」が事業創造の本質である。

ヤマト運輸の宅配便事業は既存事業に対する「見切り」によって「知の不連続性」がもたらされた。「見切り千両」という商売上の箴言があるが、事業創造においても「見切り」は決定的に重要である。「見切り」を促進するための条件は、既述のように、①急激な業績の悪化、②既存事業についての深い理解と体系化・理論化に基づく新規事業分野・新市場の発見、そして③新市場で「スター」になれる可能性、である。この中で、①は、たとえば、オイルショックやバブルの崩壊のように、企業レベルでは制御不可能な要素が多いが、②と③は日常的に準備できるものである。

デル・コンピュータの「ダイレクト・モデル」は既述のように拡張された意味におけるプロセス・イノベーションである。事業とは商品の開発、生産、流通の全プロセス、換言すればバリュー・チェーンを包含するバリュー・システムのことであり、拡張されたプロセス・イノベーションはある意味で事業創造そのものと言ってもよいであろう。

デル・コンピュータにおける「知の不連続性」は製品デザインの成熟化を背景とした新しい顧客ニーズと既存のビジネス・モデルの間のギャップによってもたらされた。その際、パソコンのヘビー・ユーザーではあるが事業には素人であった若者がこのギャップを埋める斬新なビジネス・モデルを創造したことがデル・コンピュータにおける「知の不連続性」の興味ある特色である。「知の不連続性」を創出するには「素人の知」あるいはアマチュアリズムが必要なのかもしれない。素人の向こう見ず、素人のひたむき、素人の「甘さ」、素人の破天荒さ、といった要素が必要なのかもしれない。

現在までのところ「知の不連続性」を一般的に説明できる有力な分析フレームは、さまざまなモデルが提案されているが、いまだに存在しない。「ひらめき」「悟り」「Eureka 体験」といった精神現象を重ね合わせて考えてみると、恐らく「知の不連続性」には大脳生理学的な要素とプロセスが深く関係しているようにも思える。

②「不連続知」の普及

事業創造の本質は「知の不連続性」あるいは「不連続知」の創出にあると考えるが、それに留まるものではない。事業は製品、サービス、情報・知識の利用者に効用知をもたらすことが本来の目的であるから、「不連続知」を創出するとともにその普及を図らなければならない。実際、プロダクト・ライフサイクル・モデルにおける導入期は売上に占める広告費の割合が非常に大きく、高いマーケティング・コストが特徴である。

「不連続知」あるいはイノベーションの普及について最もポピュラーな分析フレームはE・M・ロジャース(Rogers, E. M.)の「普及の個人過程モデル」と「普及の集団過程モデル」であろう。[38]

「普及の個人過程モデル」は個人がイノベーションを採用決定するプロセスを次の五段階にモデル化している。すなわち、①知識獲得段階、②態度形成段階、③決定段階、④実行段階、⑤確信段階、である。

知識獲得段階とはイノベーションに関する知識（知覚的知識、ハウツー的知識、原理的知識など）を獲得する段階である。その場合、自分に有利な知識や極端に印象的な知識は獲得するがその他の知識は気が付かないことが多いという。したがってこの段階においては「不連続知」やイノベーションを採用することの有利さを印象深く提供するプレゼンテーションの技術や技能に磨きをかけることが必要であろう。知識獲得段階においてはマス・メディアが重要な役割を果たすことが多い。

態度形成段階とはイノベーションについて納得するか、好意をもつかの態度が形成される段階である。知識獲得段階が認知的であるのに対して態度形成段階は情緒的であるといわれる。態度形成段階では、マス・メディアよりも個人チャネルの方が重要であると言われる。

決定段階とはイノベーションを採用するか、採用しないかを決定する段階である。イノベーションに対して良好な態度が形成されたとしても、その採用決定には社会規範、集団的圧力、経済的事情などが関わる。

実行段階とはイノベーションを使用する段階である。イノベーションは採用者によってもとの形態、機能、意味を変えて使用されることがある。これをロジャースは「再発明」（re-invention）と呼ぶ。例えば、パソコンの初期の採用者に見られたように、製品が標準化に達する以前においてはユーザーが製品に手を加えて自分にとって使いやすいように改良し、それを知った企業側が製品の再設計にそれを採用するといったキャッチボール、いわゆる「コラボレーション（共創）」が自然発生することが多い。

確信段階とは採用したイノベーションが使用に耐えることを確信する段階である。イノベーションは日常生活に不可欠な要素として組み込まれ、次のより有効なイノベーションが出現するまで維持されるのである。

一方、「普及の集団過程モデル」は普及曲線と採用者カテゴリーのモデルである。

普及曲線とはイノベーションの採用者数を縦軸に、経過時間を横軸にとった場合に描かれる曲線のことである。イノベーションの採用が早い採用者から遅い採用者にかけて順に、①革新的採用者、②初期少数採用者、③前期多数採用者、④後期多数採用者、⑤採用遅滞者、に分類される。これらの採用者は全体として正規分布をすると考えられ、それぞれの構成比率は平均値と標準偏差によって定義される。

革新的採用者はイノベーション採用者全体の二・五％を構成し、イノベーションの採用に伴うリスクを恐れない冒険的な人々である。地域社会内部よりも外部に関心を持ち、より多くの外部情報と接触することを心がけている。文化の周辺に位置するマージナルマン的な性格を持ち、地域社会内部では「変わった人」と評価される。彼らは「コスモポライト志向（超地域的広域志向）」である。G・A・ムーア（Geoffrey A. Moore）によれば、イノベーションが技術革新である場合、革新的採用者は技術熱狂者であり、新しい技術はわれわれの生活を改善するという認識をもって技術に傾倒する人々である。組織の場合、それは技術者であり、組織の技術革新の採用に影響力をもつ。

初期少数採用者はイノベーション採用者全体の一三・五％を構成し、革新的採用者の採用行動を見て採用に踏み切る人々である。地域社会内部の社会的地位は高く、人々から尊敬されている。地域内部のことに関心が高く、地域社会の規範を重視するが、リーダーシップと社会的地位の維持のためイノベーションの採用とよりよい社会生活の実現を志向する。ムーアによれば、技術革新の採用の場合、初期少数採用者はビジョン提供者であり、ビジネスや行政の分野で過去の習慣を捨て、イノベーションの不連続性を利用したがる人であるという。技術熱狂者とビジョン提供者が初期市場を形成する。

前期多数採用者はイノベーション採用者全体の三四％を構成するが、イノベーションの採用には慎重な人々である。彼らは初期少数採用者がイノベーションを採用した後に彼らのアドバイスや勧誘によって採用することが多い。地域社会の中堅である。ムーアによれば、技術革新の場合、前期多数採用者は実用主義者に相当する。彼らは技術に興味があるわけではなく、技術革新の導入も慎重であり、連続性の好み不連続な革命を好まない。

後期多数採用者は前期多数採用者と同様にイノベーション採用者全体の三四％を構成するが、イノベーションには常に懐疑的である。彼らは地域社会の多数がイノベーションを採用し、社会的規範や経済的事情が切迫して初めて採用に踏み切る。彼らにとってイノベーションの採用はその有用性によるものではなくて、社会的規範や仲間の圧力によるものである。ムーアによれば、技術革新の場合、後期多数採用者は保守主義者に相当する。彼らは技術投資から価値を得ることはないと思っており、技術革新に取り残されそうになってから仕方なくそれを受け入れる。彼らは価格に非常に敏感であり、わがままである。

最後に、採用遅滞者はイノベーション採用者全体の一六％を構成するが、地域社会の伝統を固守し、革新的採用者とは逆に、「ローカライト志向（地域内志向）」の人たちである。イノベーションの採用は極めて遅く、彼らがイノベーションを採用する頃には革新的採用者は次のイノベーションを採用している。ムーアによれば、技術革新の場合、採用遅滞者は懐疑主義者に相当する。ハイテク商品のマーケティングは誇大広告であると主張し、顧客としての重要性は乏しい。

企業の場合、イノベーションあるいは「不連続知」の普及は売上高やシェアの拡大、あるいは株式時価総額の上昇となって顕在化するが、直ちにそれが収益性に結びつくとは限らない。例えば、次節に示すようにヤマト運輸の宅急便事業の場合、事業創造後四年経過して初めて黒字化した。B to C型のインターネット・ビジネスの成功例としてしばしば取り上げられるアマゾン・ドット・コムは赤字経営が続いている(39)。したがって本論では「不連続知」の普及は事業創造期の一部であって、収益性の実現によって新しいビジネスモデルの有効性が実証され、市場参入と市場競争が本格化する事業成長期には含めなかったのである。

三　事業成長と知のコンテクスト

新しいビジネス・モデルが創造され、その有効性が実証されるようになると、様々な問題が事業経営に投げかけられるようになる。

第一は競争の激化である。新しいビジネス・モデルの成功は当然その追随者、模倣者を生み出す。その市場に新規参入した競争相手に対して競争優位を維持することが大きな課題になる。

第二は事業戦略と事業インフラのアンバランスの発生である。新しいビジネス・モデルが成功すればするほど、顕在化した需要に対応する事業インフラの拡張が必要になる。

第三に立法、司法、行政のいわゆる「三権」との対応や衝突が生じる場合がある。事業成長期には市場・業界以外の事業環境とに対する適応が事業の存続にとってカギとなることがある。

本節では事業成長期の知のコンテクストを考察する手がかりとして、前節に引き続き、ヤマト運輸とデル・コンピュータの事例を取り上げる。

1　宅配便事業の成長における知のコンテクスト：ヤマト運輸

①事業環境レベル…競争相手の新規参入

ヤマト運輸は一九七六年に宅配便事業を創業した。取扱個数は一九七六年が百七十万個、一九七七年が五百四十万個、一九七八年が千八十八万個、一九七九年が二千二百二十六万個、と倍倍ペースで伸びていった。その理由について、小倉氏は「サービスが先、利益は後」の経営方針によってサービスの差別化に努めたためであると分析している。そして一九八〇年には、取扱個数は三千三百四十万個になり、売上高六百九十九億円で経常利益三十九億円とついに損益分岐点を超えた。

宅配便事業が有効なビジネス・モデルであることが実証されると、この新しい市場への本格的な新規参入と模倣戦略が始まった。日本通運のペリカン便、西濃運輸のカンガルー便、全日本通運（後にフットワーク・エクスプレスに社名変更）のフットワーク便といった大手トラック輸送企業からの参入も含めて、参入企業は三十五社に及んだという。

②事業戦略レベル…「ダントツ三ヵ年計画」

市場競争に勝ち抜くためにヤマト運輸は一九八一年を初年度とする「ダントツ三ヵ年計画」を策定・実施した。その目標はサービスの差別化であり、より具体的には、①宅急便の全国網の完成、②翌日配達区域の拡大、③①と②を実現するための営業、作業の体制作り、を目標にした。

宅急便創業時の一九七六年の営業区域は関東中心であり、面積で日本の三・四％、人口で二五・四％であった。「ダントツ三ヵ年計画」の初年度（一九八一年）は面積で三一％、人口で七八％になり、最終年度（一九八四年）は面積で八〇％に達したが、宅急便の全国網は完成しなかった。

同様に、翌日配達区域の拡大と営業・作業の体制作りについても満足できない結果に終わった。そこで、小倉氏は直ちに一九八四年度を初年度とする「新ダントツ三ヵ年計画」に着手し、二便制の実施による翌日配達区域の拡充、セールスドライバーの持つポータブルＰＯＳの導入による荷物情報システムの改善とサービスレベルのチェックと向上が実現し、事業インフラのレベル・アップが進んだ。しかし、宅急便の全国網の完成は遅々として進まなかった。

そこでさらに一九八七年を初年度とする「ダントツ三ヵ年計画パート３」に取り組んだ。この度の三ヵ年計画の特徴は、①収益性（経常利益五％以上）、②規模（総売上高三千四百億円以上）、③健全性（自己資本比率五〇％以上）、④社員福祉（年間休日百日以上）、と数値目標を掲げたことである。そして長年にわたって懸案であった全国ネットワークはこの期に大きく進展することになる。

③事業環境レベル…運輸行政の壁

宅急便の全国網の完成を阻んでいたのは行政（運輸省）であった。「ダントツ三ヵ年計画パート３」の最終年度である一九八九年十二月までトラック運送事業は道路運送法によって規制されていた。道路運送法においては貨物輸送を旅客輸送と同様に扱われた。

不特定多数の荷主の貨物を積み合わせて運ぶ場合、旅客の乗合バスと同じ規制を受けていて、路線免許は利用する道路ごとに必要とされた。例えば、東京から名古屋に貨物を運ぶ場合、道路状況に応じて国道一号線、国道二四六号線、東名高速道路のいずれかを使う可能性がある場合には、それぞれの道路ごとに路線免許を取得する必要があるということである。営業所は路線免許を得た道路沿いにしか作ることができなかった。

貸切トラックの場合、道路ではなく都道府県の行政区画単位に免許が与えられたが、複数の荷主の貨物を積み合わせて運ぶことは禁止されていた。ただし運輸大臣の許可を得れば区域積み合わせの免許を持つことができた。

軽自動車による輸送は、積載量六百キログラム以内に制限されていたが、車庫や検査の規制が緩く、県知事の許可があれば免許は不要であった。

④事業戦略レベル…運輸行政との闘い

以上の道路運送法の規制に基づいてヤマト運輸は次のような方法で営業区域を拡大した。すなわち、

- 路線トラックの免許のある国道沿線は広い集配圏を設けて営業区域を広げる。
- 区域免許のある府県は区域積み合わせの許可を活用して営業区域を府県一円に広げる。
- 免許のない区域については幹線は連絡運輸協定を取り結んだ会社を利用し、集配は軽自動車運送の許可を得て営業する。

これらの方法の組み合わせによって営業区域を拡大した事例としていわゆる「山梨路線免許問題」がある。(40)すなわち、ヤマト運輸は一九八〇年八月に甲府を経由する八王子—塩尻間の路線免許申請を行ったが、山梨県内の地元業者の反対により申請は棚さらしになった。

その根拠は道路運送法第六条の「需給調整条項」である。すなわち新規参入について「当該事業の開始によって当該路線又は事業区域に関わる供給輸送力が輸送需要に対し不均衡とならないものであること」と定めてあった。

ヤマト運輸は運輸大臣に対して早期解決を要請したが受け入れられず、一九八三年に軽自動車を使った貨物輸送を準備するとともに、地元業者との提携を打診した。その結果、十社が反対を取り下げ、残る一社も公聴会の開催に応じ、双方の意見が聴取された後、一九八四年五月に事業免許が交付された。

一九八二年から一九八五年にかけて大阪—九州一円、広島—山陰、金沢—七尾、秋田—大館、大阪—舞鶴などの同業者の持つ路線権を買収することに成功した。しかし、主要幹線の路線免許は持てなかった。

一九八一年、ヤマト運輸は既に路線免許のある東京—仙台に基づいて仙台—青森間の路線延長免許を申請した。この申請はまたしても青森県内のトラック輸送業者が反対運動をしたために棚ざらしになった。道路運送法の「需給調整条項」は路線免許申請の棚ざらしを決して正当化するものではない。運輸省には輸送力の需給不均衡の有無をデータによって証明し免許申請に対して認可・不認可を決定する責任がある。しかし、小倉氏によれば運輸省はそれに関するデータを持たなかったし、改めて調査を行うこともなく、既存業者の反対を供給過剰の証拠とみなして路線免許を交付しなかったのである。

小倉氏はこの運輸省の措置に反発した。申請の四年後、一九八五年十二月、行政不服審査法に基づき運輸大臣に不作為の異議申し立てを行った。当然予想された「違法ではない」との運輸大臣の回答を受けて、一九八六年八月二十八日、運輸大臣を相手取って「不作為の違法確認請求」という行政訴訟を起こした。運輸省は一九八六年十月二十三日、公聴会を開いて十二月二日に免許を交付した。免許申請から免許取得まで実に五年を要した。同じ経過を経て福岡—熊本—鹿児島の国道三号線の路線免許を得るまでに六年を費やしている。

以上のような努力によって「ダントツ三ヵ年計画パート3」が終わった一九九〇年三月末までに面積比で九九・五％、人口比で九九・九％のサービスエリヤに達し、宅急便の全国網はほぼ完成した。ここに宅急便のユニバーサル・サービス化が実現した。

ヤマト運輸と運輸省の闘いの第二ラウンドは新商品の開発をめぐって一九八三年に発生した。宅急便の取扱荷物のサイズはそれまでSサイズとMサイズの二種類であった。Sサイズは十キログラムまで、Mサイズは二十キログラムまでであった。一九八三年、これに新たに二キログラムまでのPサイズを追加しようとした。Pサイズの運賃はSサイズよりも二百円安く設定し、Mサイズの運賃はSサイズよりも二百円高く設定しなおした。ヤマト運輸の打診に対して運輸省は拒否の態度を示した。

運輸省の主張によれば宅急便は路線トラックと同じであり、したがって運賃も路線トラックの認可運賃を適用すべきであるということであった。路線トラックの運賃表によれば貨物の最低重量は三十キログラムでありそれ以下の貨物の運賃については規定がなかった。したがって宅急便の新しい運賃は認可できないということである。従来、SサイズとMサイズでは百円の運賃差があったけれども、これは認可運賃が幅運賃制によって上下各一〇%の幅で運賃設定の自由を認めており、従来はその範囲内であったから運輸省は問題にしなかったのである。

ヤマト運輸は運賃改定申請書の表紙の提出を拒否する手段に訴えた。すなわち、当時、路線トラック運賃は運輸省とトラック協会の間の話し合いで決まっていた。しかしこれは独占禁止法に抵触する行為であったので、トラック協会は路線トラック全社に運賃改定申請書の表紙だけを提出させ、これにトラック協会があらかじめ用意した五種類の運賃表をそれぞれランダムに綴じて運輸省に提出し、運輸省は談合済みの運賃表に一本化するという手の込んだ手続きを採っていた。ヤマト運輸はこの手続きを逆手にとって運賃改定申請書の表紙の提出を求めるのなら、宅急便の独自運賃を認めよという取引に出たのである。運輸省は宅急便運賃の申請を受理したが、一年経っても処理しようとしなかった。

そこでヤマト運輸は運輸省との「密室でのやりとり」をやめ、公開の場で世論に訴える作戦に切り替えた。すなわち、一九八三年三月に宅急便の運賃を三サイズに分けて改定する新運賃表の認可を運輸省に申請し、同時に実施時期は六月一日を予定していることを伝えた。これは実施時期を運輸省が決めるという慣行への挑戦でもあった。その上で一九八三年五月十七日の一般誌の朝刊に新しい宅急便商品であるPサイズの紹介とその実施時期を明記した大型広告を掲載した。運輸省は申請を無視し審査しなかった。そこで五月三十一日の朝刊にPサイズの発売は運輸省が認可しないため六月一日の実施を延期せざるを得なくなった旨の大型広告を出した。運輸技官は激怒したというが、世論は運輸省に批判的であった。宅急便の新運賃表は七月六日に認可された。

2　宅配便事業の成長における知識創造プロセス：ヤマト運輸

上述のような知のコンテクストにおいてどのような知識創造が行われたのであろうか？

①理念に基づく事業経営・バリューカンパニー

宅急便は全国各地の個人宅から出る荷物をどこへでも輸送・配達できる必要がある。これはいわゆるユニバーサル・サービスに相当する。山内によれば、「ユニバーサル・サービス」とは当初、AT&Tが使い始めた用語である。すなわち、「電話のように生活に必需的なサービスは、対価を支払う意思のあるものについては、所得や地域に関わりなくすべての家計に提供されるべきである」という事業理念である。(41) この理念は電気通信ばかりではなく、航空輸送のような運輸産業にも浸透してきている。

小倉氏は宅配便事業をユニバーサル・サービスとして運営しようとしてきた。すなわち次のように述べている。「どこの県にも過疎地がある。過疎地の配達など一日ぐらい遅れてもかまわないだろうと言う人がいる。日本中の運送業者は皆そう思っている。荷主もそう思っている人が多い。運輸省もそう思っている。だが、私はそうは思わない。

宅急便は、市民の生活を支援するサービスである。市民は、都会に住んでいる人もいるし、過疎地や離島に住んでいる人もいる。だが誰も好き好んで過疎地や離島に住んでいるわけではない。事情があって過疎地や離島に住んでいるが、市民として、都会の人と同じように便利なサービスを受けたい、と思っているに違いない。だったら、同じサービスをしなければいけないと思う。できる、できないを考える前に、すべきかどうかを考えるのである。[42]」

ヤマト運輸の宅急便には小倉氏のユニバーサル・サービスに相当する事業理念がビルトインされている。この事業理念は事業成長期にもっとも強力に作用した。すなわち、それは三次にわたって中期経営計画を繰り返し策定・実行し、宅急便の全国ネットワークの展開に固執したことに例証される。「翌日配達」というユニバーサル・サービスの事業理念が事業成長期のヤマト運輸において知識創造に正当性の根拠を提供し、知識創造の場を規定したと考えられる。

②事業特性を生かす

宅配便事業が社会的厚生の根拠だけで成立しているのではないことは言うまでもない。宅配便事業も私企業の事業である以上、収益性を無視することはありえない。宅配便事業における収益性の根拠はネットワーク事業に特有の条件にある。

近年、インターネットを利用した各種の事業、すなわち「e—ビジネス」あるいは「インターネット・ビジネス」に大きな注目が集まっている。これらの事業と宅配便事業のような運輸事業、さらに電気通信事業には共通点がある。すなわちこれらの事業はいずれもネットワークが中核的な事業インフラであること、すなわちネットワーク事業であることである。ただし、同じくネットワーク事業であるといっても、ネットワークを自前で構築して利用あるいは販売する事業と、既存のネットワークを利用した事業とがある。「インターネット・ビジネス」は通常、後者である。これに対して宅配便事業の場合、先ず集配ネットワークを自前でデザイン・構築する必要があった。

既述のように宅配便のような個人生活関連の輸送市場はいつ、どこの家庭から出荷されるかわからないという需要の偶発性と、どこに行くかが決まっていないという需要の非定型性がある。要するにその需要は予想できないから、商業輸送とは違って詳細な輸送計画をあらかじめ策定することが出来ない。

そこで鰯や秋刀魚の群れを魚網で文字通り「一網打尽」にするように、偶発的で不定型な個人生活関連の輸送需要をマスとして掬い取る仕掛け（事業インフラ、とりわけ業務システムと情報通信システム）を工夫しなければならない。

既述のように宅配便事業の集配ネットワークは航空業界における「ハブ・アンド・スポーク・システム」のコンセプトに基づいて構築された。

すなわち、ハブ空港に相当するのが「ベース」であり、当初、最小限約五千坪の広さの敷地が必要とされた大型のトラック輸送の基地である。ベースとベースの間は大型トラックが運行する。ハブ空港に直結しているスポークの端に位置するローカル空港に相当するものは「センター」である。センターは当初、約一千坪から一千五百坪の敷地が必要とされ、「デポ」や「取次店」や個人宅を小型集配車が巡回して集荷した荷物がいったん集められて、ベースに「横持ち」される中継基地である。このようにしてベース、センター、デポおよび取次店から構成される集配ネットワークがデザインされた。

集配ネットワークの「網の目」は細かいほど偶発的で不定型な個人の輸送需要に対応することが出来るが、設備投資コストは膨大になる。必要最小限のベースの数は、都道府県に各一ヶ所程度と決まり、取次店は当初、米屋や酒屋などと契約を結び、「宅急便取次店」の看板を掲げてもらうことで確保できる見通しを立てた。難航したのはセンターの数であり、種々検討の結果、全国の警察署の数に相当する千二百ヶ所を目標にしてデザインされた。

ネットワーク事業の収益性はネットワークの利用者数によって決まる。利用者が多ければ多いほど、宅配便事業の場合であれば、荷物の総量が多ければ多いほど損益分岐点を超えて収益性は向上する。小倉氏はこれを「荷物の密度」というコンセプトで表現しているが、宅配便事業の事業としての成否はいかに「荷物の密度」を高めるかにかかっていると判断した。「荷物の密度」を高めるには家庭の主婦を中心とした集配ネットワーク利用者が利用しやすいように輸送サービスを商品化するする必要があると考え、①名称、②対象貨物、③サービス区域、④サービスレベル、⑤地帯別均一料金、⑥運賃、⑦集荷、⑧取次店、⑨伝票、といった項目からなる綿密な商品化計画を策定した。

近年では宅配便の利用者は一般家庭ばかりではなく企業や事業主が利用するようになってきている。例えば、セブンイレブンは単に宅配便の取次店であるばかりではなく、「e—book」の事業主として宅配便を利用する。すなわち、「e—book」のホームページ上で発注した書籍は、近所のセブンイレブンの店頭で入手することも出来るが、宅配便によって自宅まで届けられ、現金引換えで入手することもできる。

ネットワーク構築者ではなくネットワーク利用者の事業収益性の根拠については「収穫逓増の法則」や「メト

カーフの法則」といったいくつかの「法則」の存在が主張されている。(43)残念ながら、それらの「法則」がネットワーク事業の収益性の根拠としてどの程度まで現実妥当性をもつのかは本論の考察範囲を超える。

3 「ダイレクト・モデル」の成長における知のコンテクスト：デル・コンピュータ

①事業戦略レベル…事業の急成長がもたらした問題点

一九八〇年代後半から一九九〇年代はじめにかけてデル・コンピュータは高成長を続けた。売上高は前年比九七％、純益は一六六％の伸びを続けた。

売上高の高成長に対応して当然、部品の仕入量を増やす必要がある。とりわけメモリーの仕入が重要であった。デル・コンピュータは当時、需要に適応する適切な数量のメモリーを仕入れるのではなく、できるだけ多くのメモリーを調達していた。しかし事業環境の変化によって大量の無価値なメモリー在庫を抱えることになってしまった。すなわち、

「私たちは、変動するメモリー市場が最高値に達した時点で、必要以上に多くのメモリーを買い込んでしまった。その後メモリー価格は暴落した。さらに悪いことに、テクノロジー面でもタイミングを間違えてしまった。主流となるメモリーの容量が、それまでの二五六キロバイトから一メガバイトに急に上がってしまったのだ。突然、私たちは誰も欲しがらないチップを膨大に抱え込む羽目になった。(44)」

結局、メモリーの在庫品は捨値で売られ、その結果、デル・コンピュータの利益は大幅に下落し、それを取り戻すために実施した製品値上げは売上高の成長にブレーキをかけた。この出来事はマイケル・デルにとって在庫管理の重要性を認識させる学習の機会となり、在庫管理はそれまでいちばん後回しにしていた経営課題から一躍、

最優先課題に格上げされた。

しかし成長戦略に変更はなかった。それどころかデル・コンピュータの成長志向の事業戦略は、「企業統合の可能性」によって一層加速された。すなわち一九九〇年のはじめ頃、米国の企業ユーザーは調達先の集中を模索しており、個人ユーザーもブランドやサービスによって購入機種を選択する傾向が生じてきた。このような事業環境の変化の下で、顧客獲得競争に生き残るためにはグローバル競争ができるほどの大規模化が必要であるとマイケル・デルは考えた。

そこで従来の直接販売に加えて卸売り・小売のチャネルを開拓し始めた。すなわち、「コンプＵＳＡ」などの専門店や「プライス・クラブ」「サムズ」などの量販店を通じてパソコンを販配し始めた。さらに一九九二年には大胆な価格戦略を打ち出すことによって、売上高は八億九〇〇〇万ドルから二〇億ドル強にまで上昇した。

一九九三年に入って急成長に伴う経営上の問題が噴出した。収益性は悪化の兆しを見せ、在庫や未収金が増加してきた。そしてキャッシュ・フローの状態が悪化した。株価が低落したために一九九三年前半に予定していた株式公募による資金調達が中止され、キャッシュ・フローは改善できず、デル・コンピュータは創業以来はじめての赤字決算になった。

②事業戦略レベル…成長戦略の修正

一九九三年度における赤字計上はデル・コンピュータの事業戦略と事業インフラに変革を迫った。先ず事業戦略については「ダイレクト・モデル」の追求が強化された。その最も象徴的な出来事は一九九四年度の卸売り・小売の販売チャネルからの撤退発表である。この発表は「ウォルマート」でのコンピュータ販売を大々的に発表した数ヶ月後のことである。顧客への直接販売に販売チャネルを絞る狙いは財務状態の改善よりもむしろ社員の関心の焦点を絞ることにあったと言われる。

強化された「ダイレクト・モデル」をマイケル・デルは「バージョン一・二」と呼ぶ。それまでの「バージョン一・〇」が中間業者を省くことに伴う流通マージンや店舗維持コストを撤廃することに主眼があったのに対して、「バージョン一・二」は在庫の非効率性を改善する狙いがあった。「ダイレクト・モデル」の新バージョンは、顧客志向がより鮮明に打ち出されているとはいえ、構造的には「トヨタ生産方式」と本質的に同じである。すなわち、

「デルでは、顧客の注文を直接満たすために製造する。だから、日が経つたびに価値を失っていく完成品在庫は発生しない。また、サプライヤーからも必要に応じて部品が供給されるようにしているため、原材料在庫も最小限に抑えられる。部品コストが下がれば、その分をすばやく還元することが可能だから、顧客はますます喜び、私たちの競争優位も改善される。また、このやり方ゆえに、ライバルよりもすばやく最新のテクノロジーを顧客に提供できる。(45)」

マイケル・デルによれば「ダイレクト・モデル」においては情報の質、とりわけ顧客のニーズに関する情報の質がカギを握ると主張する。情報の質が高ければ高いほど、必要な在庫は少なくて済むからである。

基本的な事業戦略としての「ダイレクト・モデル」にコミットすることが再確認され、強化されるとともに、事業目的の優先順位に変更が加えられることで事業戦略に修正が施された。すなわちそれまでの成長一辺倒の事業戦略が修正されて「流動性、収益性、成長」が事業目標に設定された。売上高の成長は第三順位の目標に後退し、代わって流動性の確保、すなわちキャッシュフロー・ポジションの改善が第一順位となり、次いで収益性が第二順位の目標に設定された。

事業目標の変更が劇的に表れたのが商品開発であり、とりわけノート型パソコンの開発であった。当時、ノート型パソコンは成長率が最大のパソコン市場のセグメントであり、収益性が最も高かった。しかしデル・コンピュータはその開発に失敗した。一九九三年度の赤字計上の原因は、一つにはノート型パソコンの開発の失敗にあったといわれる。

マイケル・デルの述べるところによれば、その原因は商品開発能力の低さであった。すなわち、デル・コンピュータが発売したノート型パソコンはデスクトップ型パソコンを設計していた技術者によって、いわばノート型パソコンの素人によって設計されていた。また製品開発の絞込みが不十分で、いくつものノート型パソコンが並行開発されていた。

この状況を打開するために一九九三年四月、アップルの「パワーブック」の開発リーダーであったジョン・メディカがノート型パソコン担当に着任した。彼が最初にやったことは開発中の製品を評価し、商品として有望な新製品を洗い出すことであった。彼の結論は「ラティチュードXP」一機種だけが市場競争性があるというものであった。この新製品は電池にソニーが開発した高性能なリチウムイオン電池を搭載することによって、ライバル企業のニッケル水素電池搭載のノート型パソコンに対して競争優位性を確保し、一九九四年八月に発売され、ヒット商品になった。その結果、デル・コンピュータにおけるノート型パソコンの売上高構成比率は一九九五年第1四半期の二%から第4四半期には一四%にまで上昇した。

③事業インフラレベル…事業インフラの強化

事業戦略の変更は事業インフラの大幅な再構成を伴った。

先ずトップ・マネジメントの強化と役割分担が行われた。一九九二年十一月、最高財務責任者（CFO）として、サン・マイクロシステムズ社のトム・メレディスが着任した。また一九九四年五月には副会長としてモトローラの執行副社長であったモート・トップファーが着任した。トップファーは製造、販売、マーケティングを担当し、創業者のマイケル・デルは戦略全般、広報、対外的な業務を担当することになった。

トップファーによってデル・コンピュータに初めて中期経営計画が全社レベルおよび仕入などの職能別レベルで導入された。仕入の中期計画の策定においてはサプライヤーを参加させた。また「フェーズレビュー・プロセス」と呼ばれる製品開発計画システムが導入された。このようにしてデル・コンピュータの事業遂行プロセスは急速に計画化・標準化され事業インフラのプログラム化の程度が進んでいった。

事業戦略を実行するための組織構造も再編成された。従来のデル・コンピュータの組織構造は伝統的な職能別部門組織であった。事業規模が小さなうちは有効であったが、大規模化するにつれて全体に対する貢献を忘れ、部門の利益優先の行動が目立つようになってきた。

今日、デル・コンピュータは「セグメンテーション」と呼ばれる部門化の方法を採用している。「セグメンテーション」には製品単位と顧客単位があるが、デル・コンピュータでとりわけ重要なのは顧客ごとの「セグメンテーション」である。これは当初、販売部門に適用されたが、やがて事業部の編成原理になった。年商三五億ドルであった一九九四年には「大口顧客」と「小口顧客」の二事業部に部門化された。年商七八億ドルの一九九六年には「大口顧客」を「大企業」「中企業」「政府・教育機関」に三分割し「小口顧客」と合わせて四事業部編成とした。年商が一二〇億ドルの一九九七年には「大企業」を「グローバル企業」「大企業」に二分割し、「政府・教育機関」を「連邦政府」「州・地方政府」「教育機関」に三分割し、「小口顧客」を「小企業」「個人ユーザー」に二分割することによって合計八つの事業部に部門化された。デル・コンピュータは組織構造の側面からもプログラム化されたのである。

事業インフラのプログラム化にはしっかりとした事業評価システムが不可欠である。デル・コンピュータはベイン&カンパニー社と提携して事業単位ごとの細かな業績評価の測定基準をまとめた。これにより事業単位間の比較が可能になり業績改善の可能性や事業撤退の検討ができるようになった。事業評価システムの完成によってマネジャーの責任が明確になり、トップ・マネジメントによる啓蒙を通じて日常的な意思決定における事実やデータの活用を重んじる企業文化が生じた。

4 「ダイレクト・モデル」の成長における知識創造プロセス：デル・コンピュータ

①事業戦略と事業インフラのバランスをとる

事業戦略と事業インフラのバランスを取ることの重要性は古くから認識されてきた。例えば、企業戦略とそれを実行するための組織構造との適合性問題は、チャンドラーの経営史的研究を嚆矢として一九六〇年代から一九七〇年代にかけて集中的に研究されたテーマであった。チャンドラーの古典的な研究においては、先ず最初に事業環境の変化によって事業戦略との不適合が発生し、その不適合を解消するための大きな戦略変更が行われ、それが二次的に事業インフラ（組織構造）との間に不適合を創発するという因果経路が示唆されていた。

本節で考察したデル・コンピュータのケースは事業戦略の成功、すなわち事業環境と事業戦略の適合性が起点となって事業戦略と事業インフラの間に不適合性が創発するという点で興味深い。「一九九二年末には、私たちはあまりにも成長重視に偏るようになっていた。収入は二〇億ドルを超えてはいたが、会社のインフラは、売上高五億ドル規模の企業のままだった。」とマイケル・デルは述べているようにデル・コンピュータの事業成長に伴う問題点は過剰成長にあった。したがって、そこには「ダイレクト・モデル」と呼ばれる有効性が実証された事業戦略の根本的な変更はなく、事業目標の優先順位に修正が施されただけに留まった。

大きく変更されたのは事業インフラである。事業成長に伴って流動性や収益性の悪化が生じないように財務部門が強化され、また製品の標準化と部品在庫管理の徹底によってコスト・ダウンに努めた。たとえ流動性や収益性の悪化が生じても直ちに発見され適切に対処できるように事業単位を顧客別に再編成し、それぞれの事業単位の評価システムを精緻に作り上げた。このようにしてデル・コンピュータは事業戦略と事業インフラのバランスを回復し、流動性と収益性を確保しつつより一層の事業成長を実現することに成功したのである。

②失敗に学ぶ・「学習する組織」

創造した事業が斬新であればあるほど予想もしなかった事態に直面する可能性が大きい。デル・コンピュータの場合、それは予想をはるかに超える売上高の急成長であった。

需要がなかなか立ち上がらない新規事業も問題であるが、あまりに急激な売上高の成長も問題である。一つの理由はデル・コンピュータの事例に示すように事業戦略と事業インフラのバランスが崩れることによって適切に対処しないと売上高そのものが一転して衰退してしまうからである。もう一つの理由は急激な売上高や収益性の成長はライバル企業の注目を引いて対抗措置を刺激してしまうからである。例えば、ヤマト運輸の宅配便事業は売上高の急成長を実現し収益性を実証したためにライバル企業の注目を引くことになり多数の市場参入を刺激した。事業創造時の競争戦略としてはライバル企業をいわゆる「ゆで蛙」状態にとどめておくのがある意味で賢明であり、ライバル企業が気づいたときには既に回復不可能な状況をに陥っていることが好都合であろう。したがって適度な成長こそが望ましいといえる。

強化されると言ってもよい。既述のようにデル・コンピュータはパソコン専門店や量販店における小売から撤退した。ヤマト運輸においても一九七六年の宅配便創業の三年後に三越百貨店の配送業務から撤退し、さらに長距離トラック輸送事業の大手取引先であった松下電器との取引を解消している。

事業成長期におけるこのような事業進化を小倉氏は「業態化の徹底」と呼ぶ。小倉氏によれば「業態化」とは「営業の対象を絞り、サービスとコストにおいて競争相手に決定的な差をつけることを目標として、徹底した効率化を図ること(48)」と定義され、業態化の実例としては小売業におけるスーパーマーケット、コンビニエンスストア、ロードサイドショップ、飲食業における札幌ラーメンのチェーン、吉野家の牛丼、ドトールやスターバックスのようなコーヒーショップ、運送業における石油製品を輸送するタンクローリー車による専門輸送、コンクリートミキサー車によるセメント販売、などをあげている。したがって「業態化」とはいわゆる「ビジネス・モデル」と同義と考える。

「業態化の徹底」は事業を単純化し、コストダウンをもたらすばかりではなく、自ら退路を断ち「背水の陣」に追い込むことによって組織メンバーの間に特定のビジネス・モデルへのコミットメントを強化することになる。

②異質性との遭遇

事業成長期の特色は異質性との遭遇である。競争相手との市場競争という新しい事態はこの次期に到って本格化する。事業創造された新しい事業分野に新規参入する競争相手が差異化・差別化の競争戦略を展開する事例は広く見られる。例えば、普通紙複写機の市場においてゼログラフィーの基本特許切れに伴って参入した日本の各社は、ゼロックスとは異質な競争戦略を採用した。すなわち、ゼロックスが採用していた、大型・高速・高価格の複写機をレンタル制と直接販売のチャネルによって大量複写のユーザーに提供するという事業戦略に対して、リコーやキャノンといった新規参入した日本の各社は小型・低速・低価格の複写機をマシンの売り切りと代理店の流通チャネルを通じて少量複写のユーザーに提供するという競争戦略で対抗した。[49]

もっとも、特にわが国においては、市場競争が常に競争相手の差別化・差異化の努力によって特徴付けられるとは必ずしもいえない。例えば、ヤマト運輸の事例において新規参入した競争相手の各社はかなり徹底した模倣戦略を採用し、「黒猫ヤマトの宅急便」に対抗して「動物合戦」と揶揄されるような各種動物のトレードマークを打ち出したりしている。宅配便事業の場合には、差別化・差異化の努力はむしろヤマト運輸側から三次に及ぶ「ダントツ三ヵ年計画」という形で示されている。

事業成長期における異質性との遭遇は市場競争における競争相手の戦略的動向を通じてもたらされるばかりではない。この次期以降、市場競争以外の「戦い」に巻き込まれることが多くなってくる。最も多いケースは立法、司法、行政というういわゆる「三権」との「戦い」である。例えば、本論で詳述したヤマト運輸の事例では行政との「戦い」であった。立法や司法との「戦い」は、例えば、オンライン・サービスの世界最大手であるアメリカン・オンライン（ＡＯＬ）社の「通信品位法」をめぐる「戦い」の事例に見られる。[59]

四　事業進化と異質性マネジメント

本節では上述してきた事業進化における知のコンテクストに関する事例研究をさらに一段、一般化・抽象化して事業における知識創造を異質性マネジメントという視座から考察してみたい。

1　知識創造プロセスとしての企業経営

本論は、経営戦略を中心にした企業経営が、その知のコンテクストと相互作用を繰り返しながら、どのようにして特有の知識を生み出していくかを、いくつかの事例を素材に、なるべく一般的に考察することが狙いであった。したがって、本論の前提には、企業経営が一種の知識創造プロセスであるという基本認識があった。

さて、前節までの考察から企業経営だけが知識創造プロセスではないことは自明であろう。「知識」の意味を非常に広く解釈すれば、われわれは日常生活の中で日々、知識を創造し、消費しながら生きているからである。「正当化された真なる信念」[60]という「知識」の一般的な定義に沿えば、例えば、科学・技術の世界では、論理と実証に基づいて、真なる知識の創造を目指している。科学・技術は、いわゆる「科学革命」以来、近代社会における知識創造プロセスの「標準モデル」になってきた。「知識」の定義における「正当化」の含意を強調すれば、政治や宗教も一種の知識創造プロセスとして概念化しうるであろう。政治や宗教の世界では、政策や教理をめぐる論争や闘争を通じて、善なる知識、規範的知識、あるいは自由や平等といった正義のステートメントの創造を目指している。同様に、芸術の世界では、美への感受性とそれを構造化し、表現するスキルの発揮に基づいて、人間の精神にショックや癒しを与える美的な知識を創造している。

基本的に経済の世界に属する企業経営は数ある知識創造プロセスのジャンルのひとつであるに過ぎない。企業経営が創造する知識はそれ自体、本質的に、真でも善でも美でもない。ある意味で、企業経営の創造する知識は真・善・美を超える価値を持っているともいえる。それは最終的に人間の満足や効用にかかわる知識、いわば「効用知」の創造であると考えられる。

古典的な経営戦略論における一般環境分析でも示唆されるところであるが、企業経営が科学・技術、政治・宗教、芸術などと全く孤立無縁に存在しているのではないことは自明であろう。例えば、昨今の日本で圧倒的に世間の関心を集めており、本論でも若干言及した「e—ビジネス」あるいは「ネット・ビジネス」は最近の情報技術（information technology : IT）が生み出した真なる知識の賜物であるという側面を確かに持つ。インターネットによる音楽配信のような最近のネット・ビジネスは、企業経営と科学・技術と芸術・芸能の世界がコラボレーティブに相互作用して生み出されてきたものと考えることができる。

すなわち、企業経営は、例えば、真・善・美の三大知識を再編集して効用知を創造するプロセスであると概念化することも可能であろう。企業経営を中心に整理すれば、科学・技術、政治・宗教、芸術は第一次の知識創造に関与するのに対して、企業経営は、教育、啓蒙、非営利組織活動、ボランティアなどとともに、第二次の知識創造に関与すると言えるかもしれない。もっとも、企業経営以外の知識創造プロセスを中心に据えれば、例えば、キャンベル・スープの缶を描いたアンディ・ウォーホルのポップアート作品のごとく、また、日本からの陶磁器の輸送用パッキングに使われた浮世絵がフランスの印象派絵画を創造したごとく、企業経営が創造した効用知は再編集されて美的な知識を創造することもあるから、この場合、企業経営は芸術にとって第一次の知識創造であるといえよう。要するに、企業経営のような特定の知識創造プロセスは、いくつかの知識創造プロセスと相互作用を繰り返すことによって、特定タイプの知識を創造しつづける、というのが本論の基本的な分析のフレームワークであった。

2　多様な知識創造プロセスの並存

したがって、本論の前提は、多様な知識創造プロセスを出力する知識の本質的な違いに対応して識別・同定・

分類できることである。しかし、この前提はそれほど自明ではない。特定の知識創造プロセスが、例えば、真・善・美の三大知識、あるいは効用知のいずれに関与しているのかを同定することは一般にかなり厄介な問題である。

例えば、政治は、正義のステートメントを創造するとともに、利益誘導と集票という側面がある。宗教は、善なる知識を創造し、その無償の布教を行うとともに、有償の「ご利益」の提供をも行う。集票マシーンと化した政治や、金銭と引き換えの「ご利益」提供に専念する宗教は、いったい企業経営とどこが違うのであろうか?

芸術は芸術家が自己の美的な感受性とそれを構造化し、表現するスキルに頼って自己目的的に作品を創造する局面とともに、その作品に精神的なショックや癒しの価値を認めて、購買を希望する需要者との間に取引が成立する局面がある。芸術における知識創造プロセスと作品市場での取引プロセスとは、芸術家が無名である時には、モジリアニの悲劇に示すごとく、画商等の仲介業者によって絶縁されているのであるが、作品市場が成立し、市場評価が高まって、有名になるにつれて企業経営の論理が作品創造のプロセスに浸透し始める。自分自身のためではなく、需要者のための作品創造に知識創造プロセスが方向づけられる。芸術作品が投資の対象になったりもする。今日、芸術と企業経営の境界は極めて流動化しており、芸術経営学という学問領域さえ出現してきている。改めて言うまでもなく、企業の研究部門や民間の研究機関を除いて科学や技術の発展を語ることができない

要するに、政治・宗教、芸術、さらに科学・技術も、経済・経営の要素をかなり色濃くもってきていると考えられる。これらすべての知識創造プロセスをビジネスとして言及することさえできるだろう。あるいは、資本主義経済の不可避的な進化経路として概念化できる現象なのかもしれない。しかし、本論はそのような立場はとっていない。

一つの極限状態としてあらゆるタイプの知識が単一の知識創造プロセスによって、一見、摩擦や緊張を伴うことなくスムーズに産出される状態が想定できる。換言すれば、政治・宗教、芸術、科学・技術、そして経済・経営の境界が完全に融合し、単一の価値体系の下で知識が生み出される状態を想定することはできる。例えば、スターリン政権下の旧ソ連邦やナチス・ドイツの状況はこれにかなり近いものがあったのではなかろうか？ しかし、本論ではこのような極限状態は、知識創造プロセスにとっては、したがってわれわれ人間にとっては決して好ましくない状態であるとの立場を採り、少なくとも個人の主体的な発言力と影響力が飛躍的に高まる、現在進行中の「情報技術革命」の下では実現し得ないと考える。

3　知識創造プロセスとしての企業経営の特質

さて、企業経営は最終的に人間の満足や効用にかかわる知識、いわば「効用知」の創造に関わると述べた。すなわち、市場経済を前提した企業経営は、科学・技術、宗教、芸術とは違って、自己目的化できない知識創造の活動であるというところに一つの特徴があると考える。

町の発明家は自分の不便を解決するための新しい発明・工夫を飽くことなく生み出しつづける。レオナルド・ダ・ビンチは納得がいくまで長年にわたって「モナリザ」に筆を加えつづけたという。禅宗の菩薩、達磨は崇山の少林寺で面壁九年、ついに悟りを得たという。しかし、市場経済を前提する企業経営では長期にわたるそのような自己目的化した知識創造という「贅沢」は許されない。

例えば、企業における組織メンバーの自己目的化した知識創造の活動として、技術者による長期にわたる「密造酒作り」「スカンクワーク」「闇研究」をあげることができる。これらは時として英雄伝説として語り継がれ、企業文化の一環を形成すると言われる。その理由は、その種の活動が結果的に、事業としての大きな成功につながったという組織メンバーの間に広く共有された事実認識が一方にある。しかし、それとともに、そのような活動が企業の日常活動の中では正当化されない「非日常性」を帯び、ある種の「不自然さ」、一種の「贅沢さ」があるという認識の共有が他方であるからに違いない。長期にわたって、超俗的に「非日常性」「不自然さ」「贅沢さ」を貫いて、ついに世俗的な成功を勝ち得るところに英雄伝説の基本構造があるのであろう。

「闇研究」は通常、企業というコンテクストの下においては、当事者や関係者に長期にわたってかなりの無理を強いるものであり、凡俗には及びもつかない生き様であるから、誰もが真似のできるコトではない。しかし、それは時として、大きなビジネス上の成功を生み出す。ここから企業経営において二つの基本的な選択肢が可能である。一つは、3M社の「社内ベンチャー制」のように「密造酒作り」「闇研究」を制度化し、新製品開発や事業創造のプログラムに組み込んでしまうことである。非日常性を日常性に、不自然さを自然さに、贅沢さを必要不可欠さに、超俗を俗に意味変換し、再編集してしまうことである。しかし、この場合も、編集し残した非日常性は依然として存在しうるであろう。もう一つは、当該企業外への「異分子の追放」である。これには多様な形態がありうるが、少なくとも米国でもっともポピュラーな形態は、スカンクワーカーのスピンアウトによるベンチャービジネスの起業であろう。

企業経営においては自己目的化した知識創造活動は、通常、長期にわたっては存続できない。その根本的な理由は、企業経営は顧客や取引先のニーズに応え、さらに株主や従業員などのその他のステークホルダーの欲求やニーズに応えることが根本的な機能要件であり、社会的な正当性の根拠であるからである。企業経営における知識創造は、ステークホルダーの評価の下で進行する。蛇足ながら、政治は一定の政策方針に関する賛同者の獲得、敵対者との闘争という点で、企業経営と類似の構造をもっていると考えられるし、日本ばかりではなく世界各国に見られる地元・自国への利益誘導という効用知の創造は、しばしば、企業経営と政治の境界を曖昧にする。しかし、少なくとも近代政治への参加者は、効用ではなく正義の基準によってその知識創造プロセスにおける評価を下しているはずである。政治の創造する「正義のステートメント」を再編集して効用知に変換するのは、本来、企業経営の役割である。

4　知識創造に関する異質性マネジメントの視座

本論も終わりに近づいた。事業進化における知のコンテクストを一般的に考察するという本論の基本テーマとの関連で最後にどうしても触れておかなければならない論点がある。すなわち、企業経営・事業経営において知のコンテクストはどのような原理に基づいてデザインされ、維持され、変革されなければならないか、一言にしていえば、知のコンテクストはどのような原理に従ってマネージされなければならないか、という問題である。

野中・竹内の組織的知識創造の理論によれば、組織的知識創造を促進する要件の一つに最小有効多様性(requisite variety)をあげている。すなわち、「複雑多様な環境からの挑戦に対応するには、組織は同じ程度の多様性をその内部に持っていなければならない。最小有効多様性を持っている組織のメンバーは、数多くに事態に対処できる。最小有効多様性は、組織の全員が情報を柔軟にさまざまな形ですばやく組み合わせたり、平等に情報を利用できることによって強化できる(61)」ということである。

この考え方のエッセンスを本論でも採用することにしよう。ただし、本論では最小有効に維持すべきは「多様性」ではなく「異質性」であると考えておく。さらにこの場合、「異質性」とは組織メンバー間の異質性というよりも、むしろ組織が直面する知識創造プロセス間の異質性、今や組織論の古典となった観のあるコンティンジェンシー・セオリー的に表現しなおせば、組織の環境異質性により多く注目する。

知識創造に関する異質性のマネジメントとは異質性との遭遇を新しい知識やより普遍的な知識の創造、あるいは特定の知識の選択、さらにはそれらの知識の共有に結びつける主体的、戦略的なプロセスのことである。競争のコンテクストにおいてそれは他社に対する競争優位性をもたらす新しい差異化要因の識別と利用に関わる。コンフリクトのコンテクストにおいてそれはより普遍的な知識体系の創造に関わる。そしてジレンマのコンテクストであればそれは特定の知識・価値体系やモデルの選択という決断に関わると考える。

①異質性の理解

出現・遭遇した異質なコトに対処する前に、たまたま出現したコトがどのような意味で異質なのかを理解することが必要である。例えば、デルコンピュータの創業者であるマイケル・デルは一九九三年一月、日本法人を設立して間もなくソニーと接触している。そのときの話題はモニター、光ディスク、CD―ROMドライブといったソニーが開発していたマルチメディア技術全般であった。会談が終わろうとしていたとき、たまたまソニーの若手技術者からリチウムイオン・バッテリー技術の売込みを受けた。当時、リチウムイオン・バッテリーは新しい技術であり、従来のニッケル水素バッテリーに比べて同じ仕様のもとで重量は半分に、寿命は五〇％以上延びる。さらに電池残量の情報が得られるので省電力機能も改善でき、それが電池の寿命をさらに延ばす。デルはソニーの技術者から得られたリチウムイオン・バッテリーに関する技術情報の異質性を直ちに理解した。当時、デルコンピュータは「ラティテュードＸＰ」と呼ばれるノート型パソコンの開発に注力していた。リチウムイオン・バッテリーはそれにぴったりであると理解したのである。デルは次のようにのべている。すなわち、

「今でこそ簡単な決断だったように思えるが、リチウムイオン・バッテリーはまったく新しいテクノロジーであり、それゆえリスクも伴っていた。わが社のシステムではリチウムイオンとニッケル水素の双方をサポートすることができなかったため、どちらかに絞らなければならなかった。ソニーの人々は私たちの質問にいつもきちんと答えてくれてはいたものの、果たしてリチウムイオン・バッテリーがどれくらいもつかは誰にも何とも言えなかった。確かに、他社製品に対する差異化要因にはなる。リチウムイオンは非常に新しいテクノロジーだったため、まだどこも製造を開始していなかったのである。デルからの発注が大量にあれば、ソニーとしても他のメーカーに出荷する余裕はほとんどなくなるだろう。ライバルがこのテクノロジーを利用できるようになるまで、少なくとも一年はかかる。その一方で、すべてがうまく運べば、わが社の製品はバッテリー寿命やサイズ・重量の点でとても有利になる。」[62]と。

既述のように「ラティテュードＸＰ」は一九九四年八月に発売され、売上は極めて好調であり、一九九五年度におけるノートパソコン部門の売上高比率を二％から一四％にまで引き上げた。

トップだけが異質性の意味を理解するだけでは一般に不十分であり、それを他のメンバーと共有する必要がある。これもデルコンピュータの例であるが、「インターネットは、豊かな内容を伴った一対一の顧客交渉を低コストで実現することにより、企業のビジネス手法を根底から変えていく」というデルの理解を社員に伝達し共有するために「インターネット布教活動」を行った。すなわち、アンクル・サムに扮したデルが「君にネットを知ってもらいたい！」と書かれたポスターに登場したり、マネジャー全員にアマゾン・ドット・コムで書籍を買うように指示したり、ウェブ上で情報を探す宝捜しゲームの開催したり、イントラネットを構築してその活用を奨励したりした。

②異質性との遭遇の機会を増やす

異質性に対する感受性の涵養と理解の深化と共有への努力に続く異質性マネジメントの第二の課題は、「異質性との遭遇」の機会を増やすこと、換言すれば、異質性を取り込むことである。

異質性の取り込みがマネジメントの課題になる理由は、いうまでもなく、時系列的に組織は同質化への傾向を示すことが多いからである。例えば、過去の成功体験に基づく業務のプログラム化はその典型であろう。もちろん、同質化が常に有害というわけではない。長期にわたって超優良企業でありつづけてきた「ビジョナリー・カンパニー」の特質の一つはカルト的な文化の共有であり、それはしばしばその文化になじめない異質な組織メンバーの排除に結びつき、それと表裏一体に同質化と鉄の結束をもたらす(63)。

企業において異質性を取り込むには事業分割、多角化、グローバル化、マーケット・ターゲティング、ダイレクト・マーケティングなどがあるだろう。例えば、ダイレクト・マーケティングによって顧客の単位を個々人や個々の事業単位にまで極端に細分化するとともに、顧客の情報発信力を与えることによってダイナミックに異質性の導入を図ることが出来ると考える。

③最適有効な異質性の維持

組織的な知識創造にとって同質性が常に有害であるとは限らないように、異質性の取り込みが常に有効であるとは限らない。例えば、事業創造の段階と、事業が成熟した段階とではマネジメントの課題としての異質性の取り込みの重要性は違うだろう。一般に事業が成熟度を深めるにつれて異質性の積極的な取り込みによる、脱成熟化を目指す知識創造の活性化は大きな経営課題になってくるものと考える。

組織の知識創造との関連において異質性・同質性を最適レベルに維持するための構造的な方法は組織のメン

バーとりわけトップ・マネジメントを高度な専門家のチームとして編成することであると考える。本論で詳述したデル・コンピュータの事例はそれを示唆しているし、「通信品位法」とめぐる米国連邦裁判所におけるＡＯＬ社の顧問弁護士の活躍もこの主張を裏付ける事例である。

組織における知識創造はその数量の大きさが問題なのではない。むしろその質の高さこそが問われるべきことであろう。知識創造の質とはそのプロセスがより普遍的でより広範に共有されうる知識を生み出すことができる性能に関わる。

そのための要件は個々の組織メンバーとりわけトップ・マネジメントが企業経営と法律・政治、企業経営と科学・技術、企業経営と芸術、といったように根本的に異質な知識創造プロセスにそれぞれ関与し、それぞれの知識創造プロセスを積極的に活性化する役割を担うべくチームの一員として行動することであろうと考える。このような役割担当者をどのように命名すべきか迷うが、ここでは仮にやや古典的な概念である「バウンダリー・スパナー」(boundary spanner) と呼ぶことにしておく。

「バウンダリー・スパナー」は根本的に異質な知識創造プロセス間で相手方の利害内容をチームに伝達するだけの単なる「メッセンジャー・ボーイ」ではない。相手方の言い分をチームに理解可能な言語に翻訳してみせる単なる「トランスレーター」でもない。「バウンダリー・スパナー」の根本的な役割は根本的に異質な知識創造プロセス間で両立可能な中間解の導出に貢献することである。

このような「バウンダリー・スパナー」の役割を十全に発揮させるためには、ＡＯＬの事例に見られるように特定の問題はその専門家に任せるというチーム・リーダーあるいはメンバー間での合意が形成されていることが必要であろう。それが異質性に遭遇した組織が上質の知識創造によって建設的にまた機動的に対処できる条件であると考える。そしてその底にあるのは専門家チームを支える信頼と尊敬の構造であると考えるがそれはまた別の話である。

（小松　陽一）

参考文献

（1） Porter, M. E. (1980) 'Competitive Strategy' Free Press.（土岐　坤・中辻萬治・服部照夫共訳『新訂　競争の戦略』ダイヤモンド社一九九五年、山田英夫（一九九七）『デファクト・スタンダード』日本経済新聞社などを参照。
（2） Hofer, C.W., D. Schendel (1978) 'Strategy Formulation' West Publishing Company.（奥村昭博・榊原清則・野中郁次郎共訳『戦略策定』千倉書房一九八一年）
（3） 吉原英樹・佐久間昭光・伊丹敬之・加護野忠男（一九八一）『日本企業の多角化戦略』日本経済新聞社　二四ページ
（4） 吉原英樹その他（一九八一）二四ページ
（5） 吉原英樹その他（一九八一）二四ページ
（6） 「バリュー・チェーン」の概念については次を参照。Porter, M. E. (1985) 'Competitive Advantage' The Free Press.（土岐　坤・中辻萬治・小野寺武夫共訳『競争優位の戦略』ダイヤモンド社一九八五年）
（7） Senge, P. M. (1990) 'The Fifth Desciplineʼ（守部信之訳『最強組織の法則』徳間書店一九九五年）
（8） Senge,P.M.,ibid.,邦訳九六ページ
（9） 本節および次節の執筆にあたっては次に加筆修正をした。拙稿（二〇〇〇）「事業を創造するとはどういうことか」（寺本義也・川端大二・飫冨順久・小松陽一編著『マネジメントの論点』生産性出版二〇〇〇年所収）
（10） 中田信哉（一九九八）「新市場の発想と革新：ヤマト運輸の宅急便」（嶋口充輝・竹内弘高・片平秀貴・石井淳蔵

『マーケティング革新の時代① 顧客創造』有斐閣所収）六九ページ
(11) 小倉昌男（一九九九）『経営学』日経ＢＰ、六六―六七ページ
(12) 小倉昌男、同上書、六七ページ
(13) 小倉昌男、同上書、一二三―一二四ページ参照
(14) 小倉昌男、同上書、一一八ページ
(15) 小倉昌男、同上書、一三三ページ
(16) 小倉昌男、同上書、六一ページ参照
(17) 「撤退障壁」の概念については次を参照。Porter,M.E.,1980.,op.cit.
(18) 小倉昌男、前掲書、六八―六九ページ参照
(19) 小倉昌男、同上書、三〇ページ
(20) 小倉昌男、同上書、六九ページ
(21) 小倉昌男、同上書、七六―七七ページ
(22) 小倉昌男、同上書、七八―七九ページ
(23) 一般解、中間解、特殊解という解のレベルとイノベーションとの関連性について、基本的なアイデアは寺本義也氏から教示を受けた。
(24) 小倉昌男、前掲書、七九ページ
(25) 本節および次節の執筆にあたっては次に加筆修正をした。拙稿「事業進化と二つの戦略類型」（寺本義也・小松陽一・塩次喜代明・清家彰敏『事業進化の経営』白桃書房一九九八年、第二章）
(26) Dell, M. (1999) 'Direct from Dell'（國領二郎監訳『デルの革命』日本経済新聞社一九九九年）邦訳一〇ページ
(27) Dell, M., ibid., 邦訳一五ページ
(28) Dell, M., ibid.,邦訳二〇ページ

(29) Schnaas, S. P. (1994) 'Managing Imitation Strategy' The Free Press.（恩蔵直人・坂野友昭・嶋村和恵共訳『創造的模倣戦略』有斐閣、一九九六年）邦訳二四〇ページ参照

(30) Utterback, J. M. (1994) 'Mastering the Dynamics of Innovation' Harvard Business School Press.（大津正和・小川　進共訳『イノベーション・ダイナミックス』有斐閣、一九九八年）邦訳三七―四〇ページ参照

(31) Dell,M.,op.cit.,邦訳二二―二三ページ

(32) Rapp, S. and T. L. Collins (1984) 'Beyond Maxi-Marketing' McGraw-Hill, Inc.（江口　馨監訳『マルチメディア時代のマーケティング革命』ダイヤモンド社、一九九四年）邦訳九六ページ

(33) 「業界進化プロセス・モデル」については次を参照。Porter, M. E., 1980., op. cit.

(34) Abernathy, W. J., K.M. Clark, A.M. Kantrow (1983) 'Industrial Renaissance' Basic Books.（望月嘉幸監訳『インダストリアル　ルネサンス』ＴＢＳブリタニカ、一九八四年）p. 21

(35) Abernathy, W. J., K. M. Clark, A. M. Kantrow, ibid., p. 21

(36) Abernathy, W. J., K. M. Clark, A. M. Kantrow, ibid., p. 23

(37) 戦略経営論の諸学派については次を参照。Mintzberg, M., B. Ahlstrand, and J. Lampel (1998) 'Strategy Safari' The Free Press.（齋藤嘉則監訳『戦略サファリ』東洋経済新報社一九九九年）

(38) 以下の部分は宇野善康（一九九〇）『《普及学》講義』有斐閣および Moore, G. A. (1995) 'Inside the Tornade' James Levine Communications, Inc.（千本倖生訳『トルネード経営』東洋経済新報社、一九九七年）を参照。

(39) Specter, R. (2000) 'Amazon.com' Harper Collins Publisher, Inc.（長谷川真美訳『アマゾン・ドット・コム』日経ＢＰ二〇〇〇年）

(40) 山内弘隆（一九九八）「規制への挑戦　小倉昌男（ヤマト運輸）」（伊丹敬之・加護野忠男・宮本又郎・米倉誠一郎編『ケースブック　日本企業の経営行動④　企業家の群像と時代の息吹き』有斐閣一九九八年所収）参照

(41) 山内弘隆、同上書、二四八ページ

（42）小倉昌男、前掲書、一二二ページ
（43）例えば次を参照。Siebel, T. M. and P. House (1999) 'Cyber Rules' Doubleday.（アンダーセンコンサルティングCRM統合チーム訳『E—ビジネス戦略』東洋経済新報社一九九九年）
（44）Dell, M., op. cit., 邦訳五九ページ
（45）Dell, M., ibid., 邦訳一一七ページ
（46）Watkins, K. and V. Marsick (1993) 'Sculpting the Learning Organization' Jossey-Bass Inc.（神田　良・岩崎尚人共訳『「学習する組織」をつくる』日本能率協会マネジメントセンター一九九五年）邦訳二一三ページ参照
（47）Dell, M., op. cit., 邦訳三二ページ
（48）小倉昌男、前掲書、二一六ページ
（49）石井淳蔵・奥村博昭・加護野忠男・榊原清則・野中郁次郎（一九八五）『経営戦略論』有斐閣を参照。
（59）以下を参照。Swisher, K. (1998) 'AOL. COM'（山崎理仁訳『AOL』早川書房二〇〇〇年）
（60）野中郁次郎・竹内弘高（一九九六）『知識創造企業』東洋経済新報八五ページ
（61）野中郁次郎・竹内弘高、同上書、一二一ページ
（62）Dell,M.,op.cit., 邦訳八四ページ
（63）Collins, J. C. and J. I. Porras (1994) 'Built to Last' Curtis Brown Ltd.（山岡洋一訳『ビジョナリー・カンパニー』日経BP社一九九五年）

執筆者紹介

中西　晶（なかにし　あき）

京都大学文学部卒業、筑波大学経営政策科学研究科経営システム科学専攻修士課程修了、東京工業大学社会理工学研究科価値システム専攻博士後期課程修了。学校法人産能大学 HRM 研究センター研究員（現任）、博士（学術）。

主要著書：『学習する組織』（共著、回文館出版）、『知の転換者たち』（共著、NTT 出版）、『知識社会構築と人材革新　主体形成』（共著、日科技連出版社）。

寺本卓史（てらもと　たくじ）

1972年東京生まれ。96年立命館大学産業社会学部入学。現在、東京大学人文社会系研究科社会文化研究専攻社会情報学専門分野博士課程在籍中。

小松陽一（こまつ　よういち）

1944年生まれ。72年神戸大学大学院経営学研究科博士課程修了。現在、関西大学総合情報学部教授（現任）。

主要著書：『組織現象の理論と測』（共著）千倉書房、『事業進化の経営』（共著）白桃書房、『パワーイノベーション』（共著）新評論。

編者紹介

原田　保（はらだ　たもつ）

1947年　神奈川県生まれ

1971年　早稲田大学政治経済学部卒業

1990年　株式会社西武百貨店取締役

1997年　香川大学経済学部および大学院経済学研究科教授（現任），経営戦略プロデューサー，Ph. D (Business Administration)

専門：経営戦略論、経営管理論、経営組織論、経営情報論、マーケティング論

主要著書：『デジタル流通戦略』同友館、『小売進化論』大学教育出版、『コラボレーション経営』一世出版、『コーディネートパワー』白桃書房、『ウィナーズウェイ』同友館、『デジタルスタイル』英治出版、『戦略的パーソナル・マーケティング』白桃書房、『インターネット・ビジネス会社情報』（共編著）東洋経済新報社、『創造する経営（上）（下）』（共編著）日科技連出版社、『パワーイノベーション』（共著）新評論、『21世紀の経営戦略』（共著）新評論。

知識文化論 II

知の異端と正統　　（検印廃止）

2001年１月25日　初版第１刷発行

編　著　原　田　　保

発行者　武　市　一　幸

発行所　株式会社　新　評　論

〒169-0051　東京都新宿区西早稲田3-16-28

電話　03（3202）7391番

振替　00160-1-113487番

定価はカバーに表示してあります

落丁・乱丁本はお取り替えします

印　刷　新　栄　堂

製　本　協栄製本

装　幀　山田英春

ISBN 4-7948-0508-X　C0034

Printed in Japan